THE STORY CURE

故事处方

[美] 丹提·W. 摩尔 著
袁婧 译

Dinty W. Moore

中国友谊出版公司

致那些向我寻求帮助、考虑我的建议、
最后教会我更多的读者。

目录

引言　故事医师手记　1

第一部分　治疗

第一章　治疗　7

故事是什么？　8

你的核心故事是什么？　12

发现（或重新发现）故事的核心　18

故事医师的问诊电话：常见问题的治疗方法　22

治愈病症的方法与练习　31

第二章　开始呼吸　39

优秀的开头　42

糟糕的开头　50

完结后的开头　60

你的故事该怎么开头？　63

故事医师的问诊电话：治疗错误或无趣开头的方法　65

治愈病症的方法与练习　68

第三章　为文章健康开出的处方　75

人物即故事　75

对话即故事　81

场景即故事　86

2　故事处方

  故事医师的问诊电话：关于角色、对话和场景等常见问题的治疗方法　90

  解决角色、对话和场景问题的方法与练习　95

第四章　生命线测验　105

  让读者眼前一亮　107

  情景的重要性　113

  故事医师的问诊电话：关于情景和感官细节的常见问题的治疗方法　120

  解决情景和感官细节问题的方法与练习　124

第五章　咽喉与眼科医生来访　129

  咽喉医生的叮嘱：叙事声音要清晰　130

  眼科医生的叮嘱：注意视角　144

  故事医师的问诊电话：关于叙事声音和视角常见问题的治疗方法　154

  解决叙事声音和视角问题的方法与练习　162

第六章　一副硬骨头　167

  情节是什么？　168

  那么，结构是什么？　172

  故事医师的问诊电话：关于情节和结构常见问题的治疗方法　178

  解决情节和结构问题的方法与练习　181

第二部分　体检

第七章　保持健康　189
潇洒锻炼：关于修改的若干建议　193

第八章　一日一苹果　199
写下来　199
磨炼文笔　201
忽略一些声音　203
忍耐　204
接受拒绝　206
探索　208

第九章　故事医师开出的潦草处方　211

致谢　213

引言
故事医师手记

过去的三十年里，我有幸在从事写作工作的同时教授写作课，授课对象年龄不同，背景各异，情况也有所差别。有的学生正想完成第一篇随笔或短篇小说，而有的已经开始写自己的第一本书了。

人们常说"每个人都是一本书"。我无法告诉你这话是对是错，毕竟我还没有见过**每个人**。但能够肯定的是，我有幸共事过的人都有自己的故事，多数人也愿意尽力把故事展示给整个世界。

我的任务就是帮助他们。我很乐意做这件事。

在开始给故事治病之前，在探索完成一部畅销作品的方法之前，让我来对"故事医师"这个概念稍作解释。

写作圈对"故事医师"的定义是：你拿到了一本书的手稿，它可能是小说或传记的初稿，也可能是第十六稿，你要做的是诊断稿子出了什么问题。

"有问题"指的是作者自己对稿子不满意，感觉整本书没有朝着既定方向走，主要人物没有跃然纸上；或者作者曾把成稿寄给了多家文稿代理社或编辑，本来信心满满，但最终只收到了"不予采用，但非常感谢"这样礼貌冷淡的回函。这让作者既沮丧又疑惑："到底有什么问题我没看出来呢？"

故事医师与编辑、校对不同。我们的主要任务不是通顺语句、调整标点或修改拼写错误。故事医师看到的是病人的整体情况——情节、主角、表达、结构，套用医学上的比喻，就是臂膀、腿部、腹部和心脏。医生的任务是诊断病人为什么不舒服。

如果你当过医生，就知道接下来的流程了：医生有很多办法，当你走出诊室时，手里肯定会握着一两张药方。有时候疗法简单快捷，有时候则要动大手术，需要输血、移植，甚至截肢。

故事医师有时还要当精神科医生，帮助作者梳理自己身上的种种问题。

虽然写作让人心潮澎湃，收获颇丰，但也常让人自我怀疑，甚至自我厌弃。认真写作已属不易——无论是二十页还是二百页，都需要热情、专注和适度的固执，如果再被焦虑影响，这个过程就会变得更加艰难。

但在故事医师眼中，看到有问题的小说和传记，他们的关注点不在作者，而在于故事：读者能否理解，讲述是否清晰，给人的印象是否深刻。这才是故事诊疗的核心。

写作确实是件苦差事，作者要集中精力，留心每个细节和每个词句。但这并不应该是个痛苦的过程。如果作者感到痛苦，多数是由于内心质疑的负面情绪盖过了创作和探索的快乐。

我们之后会谈到这个问题。

本书致力于帮助那些刚刚开始创作小说或传记的作者，那些创作到中期的作者，以及那些修改了数稿的作者。我们的目标是帮助你讲完故事、完成创作，并最终拥有值得自己骄傲的作品。

即便你的创作很顺利，甚至已经写完了一稿或两稿，我也建议你从头阅读这本指南。理解"核心故事"的作用能帮助你在各方面完善小说或传记，也能帮助你完成创作和修改的各个环节。

只在起点踌躇是无法抵达终点的。

所以让我们开始吧。

第一部分

治 疗

我们讲故事是为了生存。

——琼·狄迪恩（Joan Didion）[1]

---

[1] 琼·狄迪恩:《我们讲故事是为了生存》(*We Tell Ourselves Stories in Order to Live*)，185 页，纽约：诺普夫出版社（New York: Knopf），2006。

第一章　治疗
诊断核心问题

诊疗作品有一个关键点，你需要理解讲故事对于小说或传记的重要性。决定读者愿不愿意读（或者编辑愿不愿意出版）的关键就是能不能讲个好故事。

但我们经常会偏离正轨。

我常常会遇见这样的作者，他们或是创作到一半，却对想要讲述的故事失去了信心，或是不再确定其他人为什么会想看这个故事。

根据我的经验，这是一种普遍现象。脱轨也许是创作过程中必不可少的一部分。但我们需要知道什么是正轨，偏离轨道时要如何调整车轮方向，这是所有作者都不可或缺的技能。

故事是什么？

请记住：把故事讲得动人心魄、欲罢不能、情节曲折，这并不是查尔斯·狄更斯（Charles Dickens）、斯蒂芬·金（Stephen King）或 J. K. 罗琳（J. K. Rowling）的专利。令人着迷的好故事可以追溯到语言起源之时，人类诞生之初。

早在印刷机和读书会诞生前，我们的祖先学会了用讲故事来缓解恐惧，故事里有英勇的狩猎、伟大的胜利，还有神秘而强大的天神。关于狩猎和作战的故事可能源于人们的记忆或祖先的传说，而神话则标志着虚构故事的诞生。如何解释雷电、洪水、出生、死亡以及太阳那令人费解的运行轨迹呢？祖先创作了故事来解决这些问题。故事给他们带去了对世界的理解和对人心的抚慰。

作家巴里·洛佩兹（Barry Lopez）认为故事中既包含神秘色彩，也包含神学色彩，是生命不可或缺的一部分。"在那艰难的岁月里，人们想活下来就需要故事，就像我们需要水一样。"他写道，"我们之所以讲故事……是为了帮助彼此驱赶恐惧。"[1]

小说家本杰明·珀西（Benjamin Percy）认为有些故

---

[1] 巴里·洛佩兹：《开端：故事的起源》（A Beginning: The Origins of Storytelling），《诗歌与作者》（Poets & Writers），2016 年 1 月 / 2 月，48 页。

事之所以成为经典,是因为它们触碰到了读者的内心深处,"用刀子割那紧绷的神经"。① 玛丽·沃尔斯通克拉福特·雪莱(Mary Wollstonecraft Shelley)的《弗兰肯斯坦》(*Frankenstein*)讲述了一个疯狂科学家用电击造出一个庞然怪兽的故事,反映了人们对工业革命的恐惧。由杰克·芬尼(Jack Finney)的小说《人体入侵者》(*The Body Snatchers*)改编的电影《人体异形》(*Invasion of the Body Snatchers*)则与二十世纪中期人们对共产主义间谍潜入美国小镇的恐惧相关。

一名男子在商务喷气式飞机上突然变身为狼人攻击同行的旅客,这是珀西的小说《红月》(*Red Moon*)的开头。骚乱同时发生在另外两架飞机上,其中一架撞进了麦田里。

看起来眼熟吗?

"我们最恐惧的莫过于恐怖袭击和疾病,"珀西解释,"所以我把两件事绑在了一起。"②

当然,不是所有故事都是恐怖故事,也不是所有作

---

① 本杰明·珀西:《用刀子割那紧绷的神经:对本杰明·珀西的访谈》(Taking a Knife to the Nerve of the Moment: An Interview with Benjamin Percy), https://nothingbutcomics.net/2015/03/03/percy/, 2015 年 3 月 3 日。
② 本杰明·珀西:《红月》, 53 页, 纽约:大中央出版公司(New York: Grand Central Publishing), 2014。

品都会关注人类最深切的恐惧。但那些经典故事仍然能从对人类本质问题、对那些令我们夜不能寐的恼人问题的探讨中涌出能量。

简·奥斯汀（Jane Austen）的《傲慢与偏见》（*Pride and Prejudice*）既没有讲狼人，也没有讲寄生虫，而是讲了十九世纪英格兰五个未婚的姑娘和适龄单身汉的故事，这本书关注的是等级、性别和品德，多年来令无数读者着迷。《哈利·波特》（*Harry Potter*）系列讲的不仅是学童和魔法咒语的故事，还探讨了自我牺牲与宽容的力量。艾丽斯·沃克（Alice Walker）的《紫色》（*The Color Purple*）表面上是美国废奴后一两代非洲裔女性的故事，但其关于偏见和家庭暴力的深层话题在各种族、年龄、时代的读者心中引起了共鸣。

这就是人们为什么讲故事，全身心投入到好故事中。故事令我们振作、怀疑、震惊，并为我们提供了看待世界和复杂问题的新方式。

顺便一提，这点无论对传记还是小说都是一样的。

让我们以谢丽尔·斯特雷德（Cheryl Strayed）的《走出荒野：太平洋屋脊步道上的迷失与寻找》（*Wild: From Lost to Found on the Pacific Crest Trail*）为例（该书连续126周登上《纽约时报》畅销书榜单）。《走出荒野》

讲述了斯特雷德独自——且相当鲁莽地——从莫哈韦沙漠远足 1100 英里[①] 至俄勒冈州与华盛顿州边界的故事。令她开启此番冒险的是生活中遭受到的重大打击：一段失败的婚姻，以及因肺癌迅速扩散而去世了的母亲。

这段经历本身就是个好故事，但它还在深层次中暗合了一个更加有力的主题。

约瑟夫·坎贝尔（Joseph Campbell）在经典神话比较研究《千面英雄》（*The Hero with a Thousand Faces*）中谈到，神话的力量是如此强大，以至于能够流传千年。这些故事都遵循着一个共同的轨迹：主人公最初生活在"平凡的世界"，接受"冒险的召唤"，前往一个"特殊的世界"，他——过去这样的故事通常讲述的是男性——面对任务和考验，最终通过了终极挑战。最后，幸存的主人公离开"特殊的世界"回到平凡的生活里，但他已然脱胎换骨，有了与过去不同的目标、认识或能力。

斯特雷德的作品遵循了同样的轨迹，讲述一位女性因现实阻碍和不幸走上了征途，在既无训练也无准备的前提下踏上太平洋屋脊步道这个"特殊的世界"，在长途行进中抗争着活了下来。

斯特雷德本人欣然承认作品与神话之间存在的联系，

---

① 1 英里约为 1.6 千米。

她提醒自己的学生和其他作者要"牢记古人"。

"没有人会仅仅因为有趣的远足以及我深爱的母亲的去世而看我的书。"她说,"对除了我以外的任何人而言,这只是一个小小的、无关紧要的故事。所以作为一个作家,我的工作是把这个故事变得与他人有关。"[1]

在故事中,一些情感和抱负是人们共有的。通过对这些基础元素的关注,斯特雷德得以将一位雄心壮志的女性背包旅行的故事变得"与他人有关"。

不是所有读者都因肺癌失去过母亲,也不是所有读者都经历过失败的婚姻,但他们依然能从斯特雷德的故事里看到自己,因为大家都经历过失去,经历过悲伤,需要具有转折性的体验。

你的核心故事是什么?

让我来迅速解释一个关键问题:故事与情节、结构不是一回事。本书将会在第六章讲到情节和结构如何相互作用,以及它们可以展现多么丰富的可能性。但是在

---

[1] 谢丽尔·斯特雷德,引自薇姬·费利尔(Vicky Ferrier):《少有人走的路:如何"就这么去做"?》(A Road Less Travelled: How Do You 'Just Be'?),生命转移(Lifeshifter),http://content.lifeshifter.com/article/VfHxv-R0AAB4AxGWw/a-road-less-travelled-how-do-you-just-be,2015年9月11日。

这里我们要讨论的是**原始**故事，是最本源的传说，是问题的核心。

我们假设你正创作的小说里有一个主角、几个配角和背景。在故事早期的草稿中，你着手介绍人物和地点，让人物互动，在场景中来回游走（反过来讲，如果主角花了二百页的篇幅独自待在小亭子里思考艰深的哲学问题，你就有麻烦了）。

小说可能设定在你最喜欢的场景——北卡罗来纳州外滩的一座农场，那里和你艾奥瓦州曾祖父母的农场相似，或是设定在芝加哥的少数族裔聚集区，你小时候是在那里长大的。主人公也许是你以自己为原型创造出的小孩，也可能是以你的祖母为原型的一个女性，或者是众多人格特质拼凑成的一个角色。

你的故事在哪里？

库尔特·冯内古特（Kurt Vonnegut）是我十分喜爱的一位作家，他曾建议道："每个角色都应该有自己渴求的东西，哪怕只是一杯水。"[1]

这其实是一个很好的起点。

---

[1] 库尔特·冯内古特：《巴贡博鼻烟盒：短篇小说集》(*Bagombo Snuff Box: Uncollected Short Fiction*)，9页，纽约：G. P. 普特南之子出版公司，1999。

你的主人公想要什么？

故事的第一页，主人公可能只想要一杯水，或者这一天过得不顺，想来一杯金汤力。

但这种渴求要尽快向深层挖掘，在短短开篇的几页中，一杯水要反映出人类深层的希望、恐惧或欲求。

如果你不知道主人公想要什么，那么就没有故事可言。

也许你的主人公有很多想要的东西，比如一双新鞋、一套干净的套装，或是想在锡达拉皮兹市骑行一圈，或是想通过工作面试、想支付账单。这些都没有问题，但它们反映的是什么欲求？他要选择哪条道路，前方有什么阻碍他的脚步？一个年轻人想要穿着新鞋骑行到锡达拉皮兹市，我能想象无数暗流涌动在这个故事的底层。这可能源于与童年创伤带来的自我怀疑斗争的需求，可能是针对父亲持续的严厉批评的反应，也可能是相对于命中注定的农场生活，他的内心怀着一个远走他乡的梦想。情感是共通的，他人会有相同的感受。

主人公的故事和挣扎是最基础的元素，它能够与读者、与其他人产生直接的联系，能使故事里的每一个场景、每一句对话、每一个章节中的每一处转折都讲得通，推动故事向前发展，让读者与词句、描写建立情感连接。

这才是读者翻动书页的原因。

与前文陈述相反的一种写法是"发生了什么就写什么"。叙述人到公园去和他人聊天，回家做了一罐辣椒酱，之后前往家附近的酒店，和一个叫路易的家伙聊天，看了一会儿棒球比赛后回家睡觉了。早晨他煎了鸡蛋和吐司，开车来到码头看海，之后坐在咖啡厅里看路人来来往往。

我读过这种风格的初稿，最后"写不下去了"。作者描述的细节很有趣，用词很优美，以颇为诗意的手法描绘了平静海面泛起的波光。但为什么写不下去了呢？出了什么问题？

我的诊断是：作者不知道深层的故事是什么，或是把故事用错了地方。

你可能以为传记作者不会遇到这个问题。他们无须编造主人公的行为，无须发明咖啡店里的路人，无须构思转折性的事件，他们写的是真实发生过的事情。但据我多年来的观察，在这方面传记作家的问题比小说作家更严重。

为什么？

根据我的经验，传记作家脑中始终回荡着一个声音，**即这些是真实发生过的事，我的工作很简单：只要按照正确的顺序，尽可能准确地记录下来，故事就会很好看。**

但仅仅这样做是不够的。

我常在周末的写作工作坊或私人训练营中遇到学生，他们正着手母亲或祖母传记的写作，原因是"她的一生非常精彩"。或者他们将要写一本关于自己生活的书，"因为发生了很多不可思议的事"。

我相信这位作者、作者母亲或这位名叫简的祖母确实有精彩的人生，经历了许多不可思议的事。这点我们多数人都一样，只是自己也许意识不到。但传记想要写得精彩，作者需要知道故事下隐藏着的人性暗流是什么。

试举一例，下面这段传记可能很难在短时间内吸引大批读者：

> 我母亲出生于1928年的芝加哥，之后发生了这件事，又发生了那件事，接着又发生了另一件事，然后她结婚了，我的父母搬到了费城，之后发生了这件事，又发生了那件事，随后我出生了。父亲在工作中升职了，因此不常陪在我身边。再之后发生了这件事，又发生了那件事等等。

这不是故事。这只是一张事件清单。

以下这则传记也许能吸引更多的读者:

> 由于出身贫寒,我母亲一生都在与她深藏心底的羞耻感抗争。她做出过无数令自己后悔的决定,直到有一天,我惊讶地目睹了(此处联想主人公的冒险之旅)母亲的勇气,她在悲伤和困窘中寻找到了出路,获得了救赎,不再听任自己内心的羞耻感主导人生的选择。

(也许母亲一直没有找到出路,真正的冒险之旅是传记的作者——也就是这位女儿如何感知母亲的痛苦和悲伤,并从此出发,拒绝陷入同样的窘迫与自我怀疑的恶性循环。)

我们可以把例子当中的"贫寒"替换成上瘾、受配偶虐待、民族或种族歧视、生理缺陷等任何令我们感到己不如人的命题。无论哪种情形,只有记住最基础的故事是母亲与羞耻感进行抗争,这是由她无法控制的外界环境带来的——我们无法选择自己的家庭,也不太可能轻易消除社会偏见——传记作者才能审慎地选择那些将落在纸面上的、她和她母亲生活中的事件。

与此同时,了解自己的核心故事也便于作者分辨哪些素材不属于**这本书**——也许它们很有趣、值得铭记，也许这是家中反复讲过许多遍的故事，但它们无法将故事向前推进。

一本传记不等于要囊括发生在生活中的**所有事情**；它只需要那些能把故事讲好的片刻。

发现（或重新发现）故事的核心

我承认已经使用了很多比喻的手法——核心故事、故事医师、主人公的冒险之旅——但在此我还要再用一次：

隐形的磁河。

多年来，我在大学课堂和夏季工作坊教授讲故事的技巧，发现作者们很容易掌握角色、场景、情节和对话这些概念，但讲起"意义"和"主旨"这类概念来总是挠头，我也不例外。

故事想**表达**的是什么呢？

老实讲，我很讨厌这个问题。高中和大学教育总鼓励我们像解谜一样理解一篇文章，好像我们一旦明白了它想表达的内容，就可以合上书本了。

但这不是我们阅读的原因。阅读好故事是一种体验，而非简单地获取信息。

在我看来,"主旨"一词更加糟糕。它的潜在含义是作者(通常是已经故去的白人男性作家)在为我们上一堂关于人类、自然或某种具有象征意义的海洋生物的道德教育课。他们与其说是在讲故事,不如说是在写布道词,想要教化那些尚未受洗的民众。

于是我找到了一种替代"意义"和"主旨"的比喻方式,这是我指导作者的方法,引导虚构、非虚构、小说或传记作品摆脱简单的场景和观察堆砌,不仅仅是多部分的整合,而要通向情感、隐喻、影像和观念的层面。

一篇文章如何才能变得包容而有力度,反映出深层的真实,或是用诗人兰斯顿·休斯(Langston Hughes)的话来说,"比人类血管中流淌的血液还要古老"?[①]

这就是隐形磁河的由来。

在我看来,所有好故事都有这条磁河。

为什么是隐形的?

因为主旨句过于枯燥、平淡、笨拙。

---

① 兰斯顿·休斯:《兰斯顿·休斯诗歌集》(*The Collected Poems of Langston Hughes*),23 页,纽约:诺普夫出版社,1994。

因为大声说出来的话总会损失力度。

因为与别人强加的道理相比，自己发现的真相总是更有力。

因为故事、传记或小说里的真相往往不是直接讲出来的，而是潜藏在字里行间，缓缓从纸面上渗透出来。

因为作者在开始创作时，也许并没有完全想好作品最终要展现什么，这些潜意识中涌出来的暗流有时也会让作者本人感到惊讶。

为什么有磁力？

因为纸面上的每个词语、画面、场景、对话和反应都汇入了这条无形的河流。它们没有被卡住、铆死或强扭成直线，而是缓缓地顺着斜坡流进河水里。

因为某个场景如果无法顺利汇入这条隐形的情感共鸣的河流，那么它就不应该出现在这部作品里。

因为没有了磁力的吸引，我们拥有的只是一堆词句。

为什么是一条河？

河流从点滴发源，力量逐渐磅礴，它不停地向前，直至终点。

河流始终都向着未知的终点流去，无论途中遇到的是细软的沙子、龟裂的泥土还是坚硬的岩石，它都能找到通过的方法。

河流从不沿直线前行。它会弯曲变速，时宽时窄，时深时浅。

虽然流向千姿百态，但最终河流总会向着下游奔流，裹挟着沿路发现的一切向前流去。

也许河上的船只不知道自己将去向何方，但水流永远知道方向。

尽早在故事里找到这条隐形的磁河，在我看来，是确定核心故事走向的最好方法。如果流向在半路发生变化也不要慌张，小说和传记在早期创作中发现的故事主线经常会退居为支流，而找到的新主线也许更有力量。真实的河流是流动的，这里的磁河也一样。

河流不仅能给故事带来至关重要的动力，也能让你在无数选项中凭借直觉和理性确定方向。如果某个词汇、场景、图像或比喻的朝向不是河道，无法被磁力吸引过去，那么也许这个词汇、场景、图像或比喻就不属于这里。

或许正如约瑟夫·康拉德（Joseph Conrad）所言："任何渴望进入艺术殿堂的作品，每字每句都在证明自己存在的价值。"①

是的，"每字每句"听起来很吓人，但这是可行的。我们需要的是时间、努力和出现混乱时原谅自己的勇气。

✚ 故事医师的问诊电话：
　常见问题的治疗方法

你很有可能遇到过这样的场景。来到候诊室后，你从忙碌的前台处得知医生要晚到四十五分钟，此时只能沮丧地面对两个选择：抓一本两年前的垂钓杂志来读，即使你并没有船（但医生有两艘！），或者枯坐在那里盯着墙上的海报看，内容是由显微镜放大了的威胁到人类脆弱身体的小细菌。

好消息是，故事医师可以提供电话问诊，而且他从不向你索要血液或尿液样本。所以放松一点，让我来帮你整理一下传记和小说作者创作中的常见问题。

---

① 约瑟夫·康拉德：《"水仙号"的黑水手》(*The Nigger of the Narcissus*)，11页，纽约，花园城市：双日出版公司（Garden City, NY: Doubleday & Co.），1914。

❶ 病症诊断：作品没有（核心）故事

并非所有故事都要以《弗兰肯斯坦》或本杰明·珀西的《红月》为参照，关注人类最深切的恐惧。但至少要关注**一些**共通的情感。

在作品的词语、句子、场景和章节之下，需要有一段旅程（即约瑟夫·坎贝尔所指的英雄的冒险之旅）。这不是指你的主人公需要屠龙，而是角色需要面对一些挑战。挑战可以是普遍性的，也可以是相当个人化的，读者需要看到主人公怎样挣扎着克服困难走向胜利。

谢丽尔·斯特雷德《走出荒野》中的主人公——也就是斯特雷德自己——挣扎着走在太平洋屋脊步道上，与自己的痛苦和悔恨斗争。但不是所有故事都要有这样身体上的折磨，很多优秀传记写的是日常生活中的挑战：孩子因家庭的贫困产生的缺失感，成年人在婚姻或恋爱走到尽头时的愤怒与空虚，或是与病人和残疾人共同生活而时而心生怨恨的伴侣或父母内心充斥的愧疚感。虽然环境有所不同，但每位读者都体验过自我怀疑、愧疚和愤怒的感受。

除了描写困难和痛苦，传记还可以描写梦想和愿望：主人公希望能搬到俄亥俄州的阿巴拉契亚山脉做个牧羊人，寻找生活的真谛，或是丢弃所有身外之物在希腊海岸的一个小岛定居下来，重新定义自我。我们的恐惧是共通的，梦想也是共通的。

小说家则更有优势，可以为主人公创造一个带有英雄主义色彩的任务。在奇幻小说中，屠灭一条巨龙是最好的选择。将巨龙替换成人类深层次的情感也很奏效：消灭性别不平等，或是对抗内心深藏的恐惧与局限。

并非所有传记都需要在危险的境地中开启史诗般的远足，也并非所有小说都需要刀剑和巨怪。想想《傲慢与偏见》这本关于未婚女性与潜在追求者间故事的"安静的书"。"巨龙"藏在伊丽莎白·贝纳特袖口的花边里，藏在绅士们的马甲里。站在更广义的角度上看，小说中喷火的反派是整个社会对性别角色、礼仪和阶级的刻板观点。伊丽莎白本人面对的挑战则是要克服自己内心的傲慢和潜藏的偏见。

无论你描写的是大事还是小事，是恐惧还是希望，都要围绕核心关注点进行，否则单纯罗列几百页的事件却没有任何目标，读者很快就会质疑自己为什么要继续看下去。

▅▶ 治疗方法

角色渴求的是什么？

也许你的角色想杀死巨龙。那是一头庞大的绿色怪兽，散发着难闻的气味，嘴里喷出的火焰让村庄里的每个人都感到恐惧。也许她是为了住在村庄里的父母、祖父母和侄子侄女而屠龙，而她希望有一天自己也能在这里安家。也许角色想要的是安全的环境，生活不再被恐惧支配。安全是所有人渴求的东西，我们不仅渴望自身的安全，也希望所爱的人安全，为此我们每天都在与大大小小的恐惧抗争。即便读者生活的世界没有四处游荡的巨龙，也能体会到这份相同的感受。

也许你的角色想跳出十九世纪英国教条的礼仪社会，也许你的角色（在传记中也许就是你自己）渴望从不幸的婚姻或专制的宗教社区令人窒息的氛围中逃离出来。

也许你的角色想去牧羊，靠自己的双手吃饭，远离电子屏幕和无休止的社会压力，更贴近大自然本身的节奏生活。这大概与孩提时期父亲和祖父的记忆相关，与现实生活中感情的缺失有关。

无论真实还是虚构，好故事会让读者发自内心地渴望知道接下来要发生什么。如果读者不知道角色心中最渴望的是什么（此处指的是情感层面的渴望，而非"一杯水""中彩票"之类的具体愿望），他们是不会对故事感兴趣的。

假如你还在发愁找不到小说或传记的核心故事（即

隐形的河流），可以把书中最主要的角色拉出来，看看他或她最想做些什么（不是指角色的一生，而是在书中两三百页的跨度里）。一旦抓住了主角最想要的东西，想想是哪些情绪、需求、失落感以及内心纠葛支撑着这个愿望。单单讲"我的角色想找份新工作"并跟上一句"她找到了工作，一切顺利"是远远不够的（更何况，故事听起来也很无聊）。故事应当在更深的维度上解释这些挑战和成就为何如此重要。

记住这句话：如果你的角色没有强烈的需求或愿望，那就编一个，或者干脆换另一个故事来讲。

❹ 病症诊断：杂乱无章且跑题的故事

如果没有核心故事，作品描绘的只能是在没有明确欲望或恐惧的角色身上发生的一系列事件。但有时也会出现相反的情况：角色渴望和恐惧的事太多。人物性格处处透着矛盾，仿佛在他体内跳动的不是心脏，而是一套极不稳定、过度兴奋的神经系统，整段旅程更像迷宫，而不是河流。

查尔斯·狄更斯的《大卫·科波菲尔》(David Copperfield) 约有四百二十六页（取决于你买的版本），小说涵盖了主人公从出生到成年的全部生活，记录了无数冒险、挫折、意外和惊人的巧合。然而潜藏在整本书每个场景、每个章节之下的（像一条地下河）是科波菲尔最渴望的东西：获得财富和力量，不再因孱弱和无助遭受欺凌（遗腹子、欠债、精神疾病）。

科波菲尔有许许多多的目标，也经历过无数次冒险，每段经历都反映出他对公平的渴求。角色的愿望与故事的核心清晰地连接了起来。

➡ 治疗方法

你是否遇到过这些麻烦：理不清主要人物众多的欲望和恐惧，主人公漫无目的地闲逛，故事的开头和结尾太过突兀，主角的原始动机随着场景或章节不断切换？

那么你需要列一张清单，将主人公那些相关的或看似无关的恐惧和欲望写下来。

（如果写的是传记，**你**就是主人公，在第三章我们会着重讲到这一点。尽管你真实存在，不是一位虚构出来的人物，我们还是要用"角色"这个词。因为在全方位勾勒角色形象这点上，传记和小说并无不同，你需要为自己的外表和情绪画出一幅完整的肖像——就像狄更斯为《大卫·科波菲尔》中的角色所做的那样。阅读之前，读者并不认识虚构的科波菲尔。除非你的故事只为一小群亲近的朋友而写,否则读者也不认识你。)

列出清单后,看看每项的相对强弱,哪些欲望或恐惧能够汇入主流河道里(本章结尾处有一则提示,能帮助你更好地完成这个步骤)。

最后你需要拿出解剖刀,为这位重达二百页的病人切除掉不健康的部分。

一线希望

为了确保列表和排序的顺利进行,减少切除过程当中的痛苦,你可以提醒自己,这本书不是你此生的唯一一本书。要以坚定的声音告诉自己:"这些都是我关心的,但在**这**本书里,我要把精力集中在一条主线上,一种与内心直接相连的情感上。"

(如果你坐在喧闹的咖啡馆里这样自言自语,有其他客人转过头来奇怪地盯着你看,只需要微笑、眨眼、吐舌头就好。这样他们遇到朋友的时候就有谈资了。)

这个说服方法的好处在于,你在写作第一本书时会更顺利、更专注。另外一点优势是,你给了自己实实在在的信心。

你当然会写第二本书。也许你会写三本,甚至三十本。

你完全可以(或经过刻苦训练)做到。

❶ 病症诊断：忘记读者

每年都会诞生许许多多的故事，但你我都知道，不是所有故事都能获得出版机会，即便是获得机会出版的书，其中一些书的读者也寥寥无几。

人很容易沉浸在自己的故事里。陷进去未必是件坏事，但如果在创作、修改和再修改的整个成书过程中始终沉迷，就是个大问题了。

在创作的某个时刻——我认为不同作家的时间点有所不同——你需要摘下自己玫瑰色的眼镜，牢牢戴上那顶被我称为"粗暴而严苛的纽约编辑"的帽子。以因热爱而更为严厉的目光审视已经成型的句子和篇章。

说到底，读者不会单纯因为你耗费了大量心力就去阅读，也不会因为你热烈真挚地想让他们读而读。

只有当书中的每一页、每一句牢牢抓紧读者目光的时候，他们才会去读，才会买来送给朋友，或是在读书俱乐部里主动推荐。

➡ 治疗方法

"忘记读者"病症的治疗方法没什么特别之处，就是要记得他们。

强迫自己这样做。

在手里握一支笔。

这意味着，无论你手中的是第三稿还是第十三稿，检查每个句子——是的，**每个**句子：

- 读者需要知道这件事吗？
- 读者是否已经知道这件事了？
- 这件事我是不是已经说过五次了？（或者雷同的场景已经出现过三次了？）
- 我是不是忘了告诉读者某些至关重要的细节，以至于他们对某句话感到困惑？
- 那些足足写了三页纸，自认为相当关键的内容，会不会令读者鼾声大作？
- 那些第四稿时感觉还不错的场景/章节/描写/对话，现在细读起来会不会觉得与主人公的冒险之旅、核心故事或隐形的磁河（这三种说法本质上是一件事，即作品的脉搏）其实没什么关联？

以上问题涵盖的是如何向读者提供信息。接下来要处理的是文章的节奏和曲调。你需要问自己这些问题：

- 好吧，这确实**是**读者需要和想要了解的内容，但三句话才说清楚的内容，能不能经过仔细打磨放到一句话里？

- 讲得会不会太多？写出来的场景是否有助于读者自行探索，用自己的眼光去审视主人公？
- 故事进展得很顺利，那么语言够不够活跃？名词和动词够不够生动，描述出来的感觉够不够灵动？

在接下来的章节中，我们还会讨论更多关于文章风格灵动性的问题，也会讨论名词、动词和感官描写，以及无数需要自我检查的问题。但在这个阶段，你只需要在朗读每个句子时，默念这份清单上的问题。

是的，这会花费你很长时间，但它是值得的。

读完后据此进行修改。修改时态度要强硬，仿佛有人要强行将你囚禁上五年，迫使你远离书籍、小狗、巧克力或红酒（取决于你最大的弱点是什么），除非写出的作品能点亮读者每一英寸的中枢神经。

✎ 治愈病症的方法与练习

增添新内容和打磨旧稿子都是进步的绝佳方法，但有时暂时离开（或者在电脑桌面新建一个文档）去自由随意地写作，或者向自己提问也是很好的办法。以下的提示和练习可以帮助你找到正确的方向。

找到故事的旅程

也许在刚开始写作时,你并不确定主人公要经历怎样的旅程。创作开始时总是让人很焦虑,其中还掺杂着一些关于作品成稿出版后的遥远白日梦:深夜接到奥普拉的电话怎么办?成桶的现金从天而降掉在家门口怎么办?但此时你只有一个模糊的想法,凭借它你仅能把页面填满,却不知如何才能吸引大批的读者。

我了解这种情况,因为我亲身经历过。我将这种疾病称为"一厢情愿症"。

决定"主人公想要什么"和"主人公绝对**不想要**什么"的最佳方法是列清单。

不必有任何犹豫,起码在初始阶段不必犹豫。把大大小小(包括冯内古特的那杯水)的内容全部列出来。

主人公想要＿＿＿＿＿＿＿＿＿＿＿＿＿＿＿＿＿。

主人公想要＿＿＿＿＿＿＿＿＿＿＿＿＿＿＿＿＿。

主人公想要＿＿＿＿＿＿＿＿＿＿＿＿＿＿＿＿＿。

主人公想要＿＿＿＿＿＿＿＿＿＿＿＿＿＿＿＿＿。

主人公想要＿＿＿＿＿＿＿＿＿＿＿＿＿＿＿＿＿。

主人公绝对不想要＿＿＿＿＿＿＿＿＿＿＿＿＿。

主人公绝对不想要＿＿＿＿＿＿＿＿＿＿＿＿＿。

主人公绝对不想要＿＿＿＿＿＿＿＿＿＿＿＿＿＿＿＿＿＿。
主人公绝对不想要＿＿＿＿＿＿＿＿＿＿＿＿＿＿＿＿＿＿。
主人公绝对不想要＿＿＿＿＿＿＿＿＿＿＿＿＿＿＿＿＿＿。

一旦你为主人公填好了所有的需求、恐惧和欲望（数量可能不止我列出的这十条），可以用圆圈或下划线标注出其中最具潜力的两三条。始终要记住的是，作品描写的是某段时间发生的事，因此首要任务是找到这段时间内人物的喜恶，而不是人物（或传记主角）一生中的所有喜恶。

让我们回忆一下《大卫·科波菲尔》，书中充斥着主人公的各种欲望、恐惧和需求，但它们都清晰地聚合在同一个大框架下，即主人公首要的欲望（拥有自由和爱情，不再为羞愧和自轻而苦恼，在冒险中获得重生），它将其他内容遮蔽或包裹了起来。

如果你无法将它浓缩为一句关键而有力的"主人公想要＿＿＿＿"，并与其他从属内容清晰合理地编制在一起，就说明你不够了解你的主人公（是的，传记作家也适用于这点，哪怕主人公就是你自己）。

还是找不到？

"多年来，我发现那些自己曾经讲过的故事，以及那些未来想要讲述的故事,都以某种方式与我联系在了一起。"作家伊莎贝尔·阿连德(Isabel Allende)曾写道:"如果我写了一个维多利亚时代的女性离开安稳的家庭,加入到加利福尼亚的淘金热之中的故事,那么我真正想讲的是关于女权主义、自由解放的故事,是我曾经从智利一个天主教、父权、保守的维多利亚式家庭中出逃,走向了世界的故事。"[1]

阿连德指出的是一个简单而又关键的问题:无论是自传性的或是纯粹虚构的小说,还是真实的传记,故事力量的源泉是你本身,即作者本人。你最深切的恐惧与渴望将为作品提供能量,将读者牢牢吸引。

所以,如果你不知如何完成第一个练习,想不出应该在"主人公想要_____"上填些什么,你设计的角色也耸耸肩,喃喃自语道"我真的不知道自己想要什么",我建议你离开键盘,认真想想**你**最恐惧什么,最关心什么。

这里有一张供你填写的清单:

我最想要的是_____。

---

[1] 伊莎贝尔·阿连德:《我为什么写作》(Why I Write),载《我们为什么写作:来自20位知名作家的他们为何及怎样写作的文章》(*Why We Write: 20 Acclaimed Authors on How and Why They Do What They Do*),编者:马勒蒂斯·马伦(Meredith Maran),4页,纽约:羽翎出版社,2013。

我最想要的是＿＿＿＿＿＿＿＿＿＿＿＿＿＿＿＿＿＿＿。

我最想要的是＿＿＿＿＿＿＿＿＿＿＿＿＿＿＿＿＿＿＿。

我最想要的是＿＿＿＿＿＿＿＿＿＿＿＿＿＿＿＿＿＿＿。

我最想要的是＿＿＿＿＿＿＿＿＿＿＿＿＿＿＿＿＿＿＿。

我最恐惧的是＿＿＿＿＿＿＿＿＿＿＿＿＿＿＿＿＿＿＿。

我最恐惧的是＿＿＿＿＿＿＿＿＿＿＿＿＿＿＿＿＿＿＿。

我最恐惧的是＿＿＿＿＿＿＿＿＿＿＿＿＿＿＿＿＿＿＿。

我最恐惧的是＿＿＿＿＿＿＿＿＿＿＿＿＿＿＿＿＿＿＿。

我最恐惧的是＿＿＿＿＿＿＿＿＿＿＿＿＿＿＿＿＿＿＿。

我最想尽力避免的是＿＿＿＿＿＿＿＿＿＿＿＿＿＿＿。

你需要不断填充这些空白，直到找到能够支撑你走完漫长成稿过程的内容。此时再把主人公（或是传记中的"你"）请出来，将任务融入到故事中去。

我知道我想讲什么，但不知怎样讲

故事、结构和情节之间的关系错综复杂，宛如戈耳迪之结[①]般纠缠难解。但不幸的是，如何将人物的关注点集中在"英雄之旅"上，如何安排场景、页面和章节之间的结构，对这些问题并没有简单的公式或是答

[①] Gordian knot，西方传说中一个难解的结，按照神谕，能解开这个结的人将成为亚细亚之王。通常用来比喻棘手的问题。

案。如果世间存在这样的公式，写作应该会变得容易得多（但也许会丧失些趣味和令人上瘾的魔力）。

哪怕是有幸出版了大量书籍、收获了一批忠实读者的小部分老练作家，也会告诉你每本书都是不同的，每个故事都要找到适合自己的叙述方法。正因为尝试和失败，写作才如此劳力费神。

但尝试和失败是写作者最好的朋友。只有不断尝试和付出，正确的答案才会最终出现。我们都希望它早些现身，但这需要大量的试错作为铺垫。

在寻找讲述故事最合适的方法的过程中，可以将作家肯尼思·阿奇（Kenneth Atchity）的这句话抄在卡片上作为座右铭：

"讲故事的时候，不妨把对方当作一个即将昏睡的人。"[1]

当然，说来容易做来难。为了完成这个目标，写作时花上几分钟（或半个小时）列出小说或传记中的情景——我指的是发生在关键人物之间的——那些最有可能抓住读者兴趣的情景。我在这里指的不是简单的陈述，不是平铺直叙的背景故事，也不是静态的说明

---

[1] 肯尼思·阿奇：《作家的时间》（*A Writer's Time*），114 页，纽约：W. W. 诺顿出版社（New York: W. W. Norton），1986 年。

或解释。我指的是激烈的争执、惊人的转折、紧张的对话、沉重的打击、意外的出现,比如飞出悬崖边缘的登山靴。

将这些内容列下来,贴在阿奇的名言旁边。接下来几个月时不时回顾一下纸上的内容,确保自己的作品围绕着这些戏剧性场景进行,这样你的作品会变得更加出色。

文章总是从一塌糊涂开始。如果你足够幸运,最终它会变得井然有序。

——萨尔曼·鲁西迪(Salman Rushdie)[1]

---

[1] 萨尔曼·鲁西迪:《小说的艺术》(The Art of Fiction),载《巴黎评论·作家访谈3》(*The Paris Review Interviews III*),编者:菲利普·古勒维奇(Philip Gourevitch),379页,纽约:斗牛士出版社(New York: Picador),2008。

第二章　开始呼吸
故事从哪里开始

虽然我们总会幻想，但文章在动笔前是不会自己完成的。

这是显而易见的事，但我曾在课堂和工作坊里看到一些人，他们总在**谈论**自己要写的作品，一谈就是许多年，似乎真的"随时"都有可能开始写第一页。

解决办法其实异常简单：这个周末就把自己关起来，着手开写。

但更难以解决的是那些**已经**下笔的作者遭遇的窘境。作品开头出了些问题，导致他们的创作无法继续，开篇的句子或段落无论如何也凑不起来，仿佛它们拒绝整合到一起去。

本章我们就来看看小说和传记的开场白，关注如何避免在第一章陷入泥沼，原地打转，找不到出路。

万斯·布杰利（Vance Bourjaily）是最初教授我写作的一位小说家，他发现我困在了这个点上。

"我想把开篇的章节定下来。"那是一个秋天的下午，他坐在明亮而杂乱的办公室里分拣信件，我向他抱怨道，"我试了上百种不同的办法，但没有一种管用。"

此时的万斯已经出版了十多本书，其中一本还获得了国家图书奖的提名。他身材矮小，思维敏捷，极具幽默感，很少说无用的废话。

"我从来不为第一章发愁。"他轻声笑了起来，"我会先把整本书写完，最后再写它。"

我瞬间说不出话来。

"如果不知道自己想写什么，"他继续道，"又怎么知道应该从哪里开始写呢？"

那时我还年轻，心中充满困惑，但我很敬仰这位充满智慧的老师，所以很可能会说"这个想法很有意思"之类的话。

"想想吧，丹提。"他继续着手里的工作，撕开一个厚厚的、巨大的信封，里面肯定又是别人拜托他读的手稿，"全书第一章是一切开始的地方，是第一张多米诺骨牌倒下的地方。看到终点的样子后，再找起点所需的东西就容易多了。"他停下来耸了耸肩,"所以,我会跳过第一章向后写,直到完成全稿。"

多年来,我一直在琢磨万斯的话是什么意思。他真的会在手稿的第一页写上"第二章"三个字,以此为起点写下去吗?

又或许这是他为了指导我而采用的夸张手法?也许他的意思是:"不要被开头绊住脚。写初稿的时候不要纠结那些愚蠢的段落,毕竟可能还有四次修改在等着你。不要妄想自己的第一章可以一直保留到最终稿。"

它变成了我的行为准绳,无论文章是长是短,是小说或是传记,这个方法都对我的写作大有帮助。从此,我写开场白的时候只会写几个易于理解的句子,不会费心琢磨漂亮的词句,然后我会踏实地向下写,心里知道自己总有一天会回来修改或替换它们,这个习惯帮助我节约下了数百小时的犹豫时间。

如果我之前没有对万斯表达过感谢,那么在这里我要说:"谢谢你的建议。"

在我们讨论全书的开场白、第一股动力或第一章,讨论故事应该如何开始的时候,要记住那些完美的词句不总是第一天就想出来的。而且多半第一天想不出来。

那些词句可能会在你开始创作的数天、数月,甚至数年后忽然现身。

这里提供给你两个选择：

1. 等待完美词句的降临。其他什么都不写。打出来删掉，打出来再删掉，直到中奖打出完美的第一句。

2. 合理利用时间。写作是一个发现的过程，在故事中间部分出现的某些场景可能会帮助你更加理解角色。透过故事的表层看穿本质，此时你才会知道完美的开场白或第一页应该是什么样子。

要相信医生的话。第一个选项是错的，第二个才是最佳选项。

优秀的开头

无论是真实的故事还是虚构的故事，好的开头都有一个清晰的目标：勾住读者。你的故事要引得读者身体前倾，要使他产生继续读第二句、第三句的欲望。

但这并不是唯一的目标，否则写第一句会变成一件特别简单的事，所有小说或回忆录都会用同一种方式开头：

丹提畏缩着轻声呜咽，身旁一个愤怒的男人正用枪管紧紧顶着他的脑袋。

你可以用自己角色的名字替换掉我的名字，可以用第一人称"我"，也可以用那位"让我等了六个月，最后用一封'稿件不予录用'的邮件将我轻易打发的出版代理人"的名字。你可以把枪管替换成刀、焊枪，或是钉枪，可以将"坏人"的形象描写得更具体，比如"天赋异禀却得不到认可的沮丧作家"。但套路是相同的。

可是，天啊！接下来该怎么写？

为什么小说和回忆录不以这种方式开头呢？除去这种方式过于恶俗，还因为开头在放置吸引人的钩子之外，还要反映出故事的深层，即核心故事，或者叫作主人公所经历的旅程，或是隐形磁河。开篇的脉搏要与故事的走向、角色强烈的爱憎，或某些场景下主人公希望尽力避免的祸事联系起来。

以下是伊丽莎白·吉尔伯特（Elizabeth Gilbert）在畅销传记《美食、祈祷和恋爱》（*Eat, Pray, Love*）中的开头：

但愿乔凡尼（Giovanni）可以吻我。[1]

---

[1] 伊丽莎白·吉尔伯特：《美食，祈祷，恋爱》，7页，纽约：企鹅出版社（New York: Penguin），2006。

有的人想要一杯水，但吉尔伯特想要的是乔凡尼，她对他的渴望是如此的强烈。

吉尔伯特的话可以单纯从表层理解，但随着阅读的深入，你会发现这句话在表层之下隐藏着更多东西。希望能从乔凡尼那里得到一个吻，这与她逃离破碎的婚姻、痛失所爱后窘迫地踏上旅程产生了关联。此外，（通过之后的阅读可以发现）乔凡尼比吉尔伯特年轻了许多，这让她感到忧虑，觉得自己的魅力大不如前，从而引出了婚姻解体后，她与青年演员大卫之间的风流韵事，以及这段关系给她带来的毁灭性打击。此时乔凡尼出现了。除了吉尔伯特的日常生活描写，全书的前三分之一满是对意大利与意大利语魅力的描绘。这个有着靴子轮廓的地中海国家不仅是地图上的一个点，更是吉尔伯特内心欲望的隐喻。

第一句中也隐藏着麻烦。吉尔伯特很快就告诉读者，虽然这个年轻人有着"水汪汪的意大利褐眼"，但接吻并不是个好主意，对双方都没有好处。

吉尔伯特传记的副标题是《一个女人在意大利、印度和印度尼西亚的巡游记》。"巡游记"听起来似乎是要带着我们去多处游览，但实际上全书从第一句开始就将注意力集中在了角色身上。

我们再来看看其他有效地设立了核心故事的开头。

以朱迪·皮考特（Jodi Picoult）《姐姐的守护者》（*My Sister's Keeper*）为例，书的开头是这样的：

> 三岁的时候，我想杀死我姐姐，这是我最早的记忆。①

雷蒙德·钱德勒（Raymond Chandler）的《长眠不醒》（*The Big Sleep*）的开篇是：

> 那是10月中旬的一个上午，11点来钟，清朗的山丘间，太阳隐没，大雨如注。我身穿粉蓝色西服，搭了件深蓝色衬衣，系着领带，显露着上衣袋装手帕，脚上是黑色烤花皮鞋，配了双绣着深蓝色花边的黑色毛料短袜。我刮了脸，收拾得干净而又整洁，人显得冷静而又严肃，至于是否有人留意到这些我倒并不在意。总之，一位穿着考究的私家侦探所应有的样儿，我都一应俱全。我正要拜访的是一位身家400万美元的人物。②

---

① 朱迪·皮考特：《姐姐的守护者》，3页，纽约：阿垂亚图书（New York: Atria Books），2004。
② 雷蒙德·钱德勒：《长眠不醒》，傅惟慈，译。新星出版社，2010。

杰弗里·尤金尼德斯（Jeffrey Eugenides）的作品《折翼天使》（*The Virgin Suicides*）有个很有趣的开头：

> 李斯本（Lisbon）家的最后一个女儿在清晨结束了自己的生命——这次是玛丽，服的是安眠药——两名救护人员赶到了那幢房子，他们对那个家别提有多熟悉了，放刀子的抽屉在哪儿，煤气灶在哪儿，地下室可以拴绳子的横梁在哪儿，两个人知道得一清二楚。①

三个开头有一个共同点：这些问题、描述和看法强迫着读者翻动书页，去后文中寻找解释。为什么三岁大的孩子想杀死自己的姐姐？为什么钱德勒故事里的叙述者［菲利普·马洛（Philip Marlowe），一位标志性人物］要强调自己冷静而严肃，还要装出一副"穿着考究的私家侦探样儿"？李斯本家的女儿们接连自杀，为什么医护人员对他家放刀的抽屉、煤气灶和地下室套索的横梁这么熟悉？

接着读下去。

---

① 杰弗里·尤金尼德斯：《折翼天使》，李卉，译。上海译文出版社，2010。

当然，写好开头未必要有人命关天的情节。托拜厄斯·沃尔夫（Tobias Wolff）的传记作品《男孩的生活》（*This Boy's Life*）是这样开始的：

> 穿越大陆分水岭的时候，我们的引擎又烧了。我和妈妈只能停下来等它冷却，这时从我们头顶上方传来一阵喇叭的尖叫声。声音越来越大，只见一辆大卡车开了过来，从我们身边飞驰而过，驶入下一个弯道，后面拖着的车厢摇摆得厉害。"哦，托比。"妈妈说，"它的刹车失灵了。"①

这里既没有枪，没有杀人的小妹妹，没有连环自杀案，也没有毫无诚意的警探，有的只是一种大难临头的氛围：过热的引擎，不祥的尖叫声，疾驰而过的卡车，也许它正在向着悬崖滑行。你应该去读一读沃尔夫的书，非常好看。读过后你会发现故事讲的是一段如引擎过热般的婚姻，由此导致的离婚（即大陆分水岭）对尚且年幼的托比和母亲构成了威胁，从而使他们向悬崖边缘滑去。沃尔夫没有用枪顶着谁的头，但他设置了一种氛围，

---

① 托拜厄斯·沃尔夫：《男孩的生活》，3页，纽约：格罗夫出版社（New York: Grove Press），1989。

多米诺骨牌开始向下倒,并暗示读者后面还会出现很多麻烦。

再来看看简·奥斯汀的《傲慢与偏见》,前一章我们也提到过。奥斯汀的小说这样开头:

> 凡是有钱的单身汉,总想娶位太太,这已经成了一条举世公认的真理。这样的单身汉,每逢新搬到一个地方,四邻八舍虽然完全不了解他的性情如何,见解如何,可是,既然这样的一条真理早已在人们心目中根深蒂固,因此人们总是把他看作自己某一个女儿理所应得的一笔财产。[1]

《傲慢与偏见》在开篇背后隐藏的是社会规范("举世公认的真理")、严苛的性别角色("总想娶位太太")与冷酷又令人窒息的社会期待("把他看作自己某一个女儿理所应得的一笔财产"),全部内容都囊括进了开篇这朴实的两句话里。

最后,我们来看看狄更斯的《大卫·科波菲尔》:

---

[1] 简·奥斯汀:《傲慢与偏见》,王科一,译。上海译文出版社,1996。

  让人们明白本书的主人公是我而不是别人，这是本书必须做到的。我的传记就从我一来到人间时写起。我记得（正如人们告诉我的那样，而我也对其深信不疑）我是在一个星期五的夜里 12 点出生的。据说钟刚敲响，我也哇哇哭出了声，分秒不差哪。①

措辞如今看来有些老套，但开头与主人公以及他将要经历的旅程直接相连。问题直截了当：主角最终会成为英雄吗？这部经典小说中，一切都源于婴儿的第一次啼哭，无论是年幼的大卫，还是成年的科波菲尔，无时无刻不在与十九世纪英国社会中的不公正对抗疾呼。

  以上的开篇段落都有一个共同之处：给读者以期待，与深层的故事建立联系。

  这就回到了我的导师万斯·布杰利给出的建议。在完成核心故事之前，在开始创作小说或回忆录的时候，你根本不知道开篇的句子或段落里应该包含哪些内容。有时你需要试探性地写上数周或数月，在想象

---

① 查尔斯·狄更斯：《大卫·科波菲尔》，石定乐，石定柔，译。湖北长江出版集团，2012。

和回忆之中挖掘，才会知道自己的主人公最关注的是什么。

这种试探性的写作需要预先构思人物，设计他或她过去的经历、行为动机（如果你就是主人公，探索一下自己的过往）。这意味着你要全身心投入到写作中去，没有什么是不能修改的，随着核心故事逐渐清晰，你还会返回来再做修改。

最后我想要叮嘱的是，保持顺畅的呼吸，无论如何也要继续向下写。

糟糕的开头

在四格漫画《花生》（*Peanuts*）中，史努比经常坐在他的狗窝上，啪啪地敲着他那部美国最伟大的小说的开头。

在一幅漫画中，他的鸿篇巨作是这样开头的："那是一个风雨交加的漆黑夜晚。"

这只文学小猎犬实际上是借用了爱德华·布尔沃－李敦爵士（Sir Edward Bulwer-Lytton）创作于 1830 年的小说《保罗·克利福德》（*Paul Clifford*）的开头。

小说是这样开始的：

那是一个风雨交加的漆黑夜晚,大雨倾盆如注,狂风席卷街面(场景正是发生在伦敦),在雨帘间刮开缝隙,吹得屋顶吱嘎嘎作响,与抵抗黑暗的稀疏灯光激烈缠斗。①

如果你读过十九世纪的畅销小说,就会发现这种充满修饰词的迂回式开头并不少见。但是现在已经过时了。至少在我看来,"与抵抗黑暗的稀疏灯光激烈缠斗"这句话有些戏剧化了,我们可以诊断为"用力过度"。

总之,布尔沃-李敦这段关于风雨交加的漆黑夜晚的华丽描述,常被视为糟糕写法或矫饰风格的典型。以至于 1982 年时,圣何塞州立大学英语系开办了年度布尔沃-李敦小说大赛。在这个半开玩笑似的比赛当中,参赛者需要"尽自己所能给小说写个最糟糕的开头"。

比赛结果往往十分搞笑。

但实际上,布尔沃-李敦是颇为成功的一位作家,名利两全。他有很多表达沿用至今,如"群氓""追逐万能的金钱"和"言语胜于刀剑",也许独独挑他出来

---

① 爱德华·布尔沃-李敦:《保罗·克利福德》,17 页,费城:J. B. 列品考特出版公司(Philadelphia: J. B. Lippincott & Co.),1866。

说并不公平。

除此之外,才华横溢的马德琳·英格(Madeleine L'Engle)在她的小说《时间的皱折》(*A Wrinkle in Time*)当中也使用了同样的开头:

> 那是一个风雨交加的漆黑夜晚。①

这可能是她和读者开的一个玩笑。当然,在这十来个字之后,她完成了一段很优秀的描写。

无论你是处于风雨交加的黑夜,还是温暖晴朗的好天气,我们不妨到故事医师假想的诊室中逛上一圈,看看还有哪些糟糕的手法会毁掉一个开头。

花哨的描写

读者的期待值和容忍度随着时代变化而不断改变,正如我之前提到的,英国小说史上曾有一段时间流行以一两页的描写开头,内容通常是美丽的乡村景色。

比如:

---

① 马德琳·英格:《时间的皱折》,7页,纽约:法拉、施特劳斯和吉鲁出版社(New York: Farrar, Straus and Giroux),2009。

雪白绵软的羊群散落在青翠的山坡上，在四月温暖的阳光下显得赏心悦目，涓涓的小溪间满是多彩的鳟鱼，在河岸坚硬的岩石间来回穿梭。几只生机勃勃的小羊羔在慈爱的母羊旁嬉戏，头顶上精明的老鹰在广阔蔚蓝的天空中俯冲而下。山间坐落着一间迷人的农舍，一缕炊烟从烟囱中飘荡而出……

想象一下，这样的文字要持续两页之久。

赶紧把自己掐醒吧。

也许十九世纪的读者可读的小说和回忆录比较少，没有那么多作品争夺他们的注意力，没有电视机可看，也不能在互联网上刷萌猫视频，他们比我们更有耐心。但如果开篇的长句只是描述景色，哪怕景色再优美，读者也会想："我还不如去博物馆看画。"

生硬的描写

如果走到另一个极端，开篇句子没有半点华丽色彩，语言生硬得如同大理石餐台，也会造成另一种麻烦。

来读读这个：

杰克逊·康纳（Jackson Connor）身长五英尺十一英寸[①]，180磅重，黑色短发，黑色胡须。他身着一件舒适的运动衫，穿着天蓝色的牛仔裤，脚蹬一双添柏岚（Timberland）工装靴。他的鼻子很大，左边有一块雀斑，眼睛是蓝色的。他站在一辆2014年出产的丰田凯美瑞旁边，双手插在兜里。

如果是警察找人，他们会对这样丰富而具体的细节深表赞赏，但你什么时候对警察的报告欲罢不能过呢？

折磨人的描述

留心一些不合时宜的比喻：

他的鼻子就像一根香蕉，一头被扳得笔直，另一头弯得比普通香蕉还要厉害。

听起来痛不痛？
这里还有一段：

[①] 1英寸为2.54厘米，1英尺为12英寸。五英尺十一英寸即180.34厘米。

病人瑟缩地看着护士举着针头走来,锋利的针捅进胳膊让他感到害怕。

讲得过多

亲爱的读者啊,读一读这段:

自从哥哥比利死在了高尔夫球场上,卡洛琳·弗莱彻就开始看心理医生了。医生告诉卡洛琳,因兄弟过世而悲伤在所难免,但她把滑板当作新消遣就很危险了。卡洛琳之所以开始玩滑板,是因为比利小时候就很喜欢,尽管五十五年来,哥哥没有再踏上过滑板,但卡洛琳觉得这是一个缅怀他的好办法。卡洛琳自己也要到退休的年纪了,且过度肥胖。膝盖老化后,她连爬楼梯都很困难。但她已经下定了决心。医生警告她,从滑板上跌落很可能会把她送进急救室。在市中心广场上玩滑板的少年们也取笑她,对着她大喊大叫,管她叫"找死的疯婆子"。但卡洛琳不仅没有气馁,甚至听起了嘻哈歌手菲迪·瓦普(Fetty Wap)的歌,帮助自己找到感觉……

也许同情心比较强的读者会对卡洛琳的情况有点担

心,但问题是,我们并不希望一开始就了解这个人全部的情况。

遮遮掩掩

一些聪明的作者听到了我之前的警告,知道不能讲得太多,于是他们设计加入了一些动作,如果整句话里的思考内容也可以称作"动作":

卡洛琳·弗莱彻坐在窗边,思考着心理医生警告她的话。她因为哥哥比利在高尔夫球场上意外离世而开始的新消遣滑板运动将让她陷入险境。她之所以开始玩滑板,是因为比利小时候就很喜欢,尽管五十五年来,哥哥没有再踏上过滑板,但卡洛琳觉得这是一个缅怀他的好办法。想到这儿,卡洛琳轻声笑了起来,她想起心理医生善意地提醒自己要到退休的年纪了,并且过度肥胖,而菲迪·瓦普的歌词又充满了下流的脏话……

结果是卡洛琳想了**很多**,读者也睡过去了**很多**。

过分吹嘘

例如:

我的兄弟姐妹是你们能见到的最无厘头的人，家中每分钟都会响起笑声。相信我，在赫尔利家里，从来没有一刻无聊的时候。

或是：

我的前夫汤姆是这个世界上有史以来最大的混球。

或是：

这是一个关于救赎的故事，讲述了在人类所能想象到的最恶劣的环境下，我是如何将悲伤的泪水化为了喜悦的泪水的。这种方法帮助了我，相信也会帮助到你！！

故事医师的建议是：**该死的，好好讲故事。**

闹钟把戏

一条黑漆漆的巷子里，罗兰·勒梅被四个身材高大的黑影紧紧追着。身后咆哮喘息的声音如同饿狼，罗兰跑得越快，他们追得越快。他侧身闪进一条巷子,却发现栅栏拦住了去路。"我要死了。"罗兰向着空无一人的巷子里哭喊,恶魔般的身影迅速追到了他身后,将他恶狠狠地摔倒在地。"完了。"他想,"我的人生就要这样结束了。"这时突然铃声大作,罗兰发现自己正躺在床上,一切都只是一场梦。"我再也不拿整张的蘑菇培根比萨当晚餐了。"他轻笑了起来。

罗兰确实安全了,但并非所有人都是安全的。因为此时读者大概会掏出枪来,将作者一击爆头。

冷硬派侦探

罪案小说有其独特的趣味和吸引力,也有其特有的老套写法:

> 菲利普·洛根揉着太阳穴,缓解着他人生中最严重的一次宿醉。在洛杉矶耀眼的阳光下,他扫视着眼前荒凉的景色,试图寻找酒馆的踪迹。也许来上一小杯廉价的波本威士忌可以缓解头痛,不至于出现现在这样脑壳被扯成百万片的感觉。

无论是科幻小说、浪漫小说、奇幻小说还是西部小说，只要是能叫上名来的小说类型都用过类似的开头。最初效果挺不错，但一而再，再而三地重复使用后，读者已经相当熟悉这种套路了，再用只会显得很可笑。

离它们远一点，就像躲避瘟疫一样。

要躲避的还有其他老套的写法。

那么，我们要如何避免落入这些陷阱呢？

其实，你很可能还是会掉进去的。

"开头流于俗套"是很容易落入的陷阱，因为最先出现在脑海中的往往都是此类陈词滥调的开头。这些桥段我们太熟悉了，写起来毫不费力。

但是，这也就是为什么你的键盘上会有一个删除键。

垃圾信息

还有一种常见的糟糕写法，他们的开头堆满了垃圾信息，因为他们迫切地想把关于角色或传记主人公**所有**的背景故事都倾倒给读者，这样接下来的一切情节都合情合理了。

实际上，你不用一下就把角色或自己讲得那么清楚，读者更喜欢故事带点神秘色彩，只要最后作者能足够细致地将情节补充完整就可以。

你会因为了解了一个人**所有**的情况，而突然觉得他特别有趣吗？

我猜不会。正相反，只有对一个人足够好奇才会产生兴趣。

我们需要找到一个精妙的平衡点。我们既希望读者充满疑惑地读下去，直到读完整本书，又不希望他们在黑暗中迷失太久。所以信息要一点点地放出来，只要能引读者去读下一章即可，把剩下的内容像面包屑一样撕碎撒下来，或是像那雪白绵软的羊群一样，散落在青翠的山坡上。

完结后的开头

需不需要给小说或传记列提纲呢？如果一开始就把整本书计划好，我们是不是就知道该从哪里开始了？

对此有两派不同的看法，老实说，没有哪一种是错的。

一些作者认为——以我的经验来看，是两派人当中的少数派——自己一开始就能看到小说或传记的走向，知道要从哪里起笔。他们能列出大致的提纲，虽然有时提纲很杂乱，但他清楚地知道要从何处开始，到何处结束,以及每一章要讲哪些内容。

老实说,我对这些掌握了技巧的作者很是嫉妒。大概他们很少会有信仰危机,也不会在午夜梦回之际冒出"这本书我再也写不完了,我能力不够"的念头。

也许也不尽然。

我和许多作者交谈过,包括我自己在内,无论写的文章是深是浅、是长是短,我们都没办法一开始就计划好全部内容,因为从本质上来说,写作是个探索的过程。我们将主人公置于故事之中,置于特殊的窘境之下,只有让他在时间和空间中穿行起来,才会发现接下来要发生什么,他会怎样面对挑战,最后会走向怎样的结局。

即便是根据记忆写成的传记,作者看似对发生过的事了然于胸,书中也满是问题:

- 为什么会发生这件事?
- 我父母当时是怎么想的?
- 为什么卡莉斯塔阿姨不再和家里人讲话?
- 在赞比亚小镇居住一年的经历教会了我哪些事?

写传记是个发现答案的过程,在纸面上阐述自己的思维,从中获得的发现是早晨动笔前你尚不了解的东西。

即便你很清楚发生了什么，知道发生的日期和具体时间，人类终究还是一种谜一样的动物，为什么他们要以某种方式行事，他们对你隐瞒了什么，你对别人隐瞒了什么，哪些内容已经记忆模糊，哪些内容完全没有印象了，所有的内容要如何汇集到一起来勾勒出你四十岁或七十五岁时的样子，这些问题的答案将成为整部传记的动力源泉。

换言之，故事并不在于发生过什么。故事是当下选择后表达出来的东西。

根据我的经验来看，那些渴望创作出鲜活而隽永的作品的作者不会枯坐在打字机或键盘前，默默低喃着自己想说的话。他会带着问题坐下来，看看自己会被引向何处，有哪些新问题出现，然后跟着这些问题走向自己未曾想过的地方。

有些作者即便是按照提纲创作也能做得很好。但对我们大多数人来说，在明确了结构，知道每个具体时间点会发生什么具体事件的情况下，最终的作品必定是呆板乏味的。比起在章节中被拨来弄去的主人公，那些活泼、复杂、矛盾的人物会和真人更加相似。

在传记作品中，叙述者也容易用力过猛，给人说教或看透结局的感觉，而不是像普通人那样，随时会遇到意料之外的惊喜。

我在前面讲过,关于"我该不该列提纲"的问题没有确切的答案。你需要做的是看看哪种方法最适合你。

现在再想想,我自己的方法正处于二者之间。一年中我会多次停下来,给我正在创作的故事写个潦草的提纲,然后按照大纲写上一阵子。一周之后我会把这份提纲扔掉,再写一个新的。就这样,故事会一次又一次告诉我它想去哪个方向。

你的故事该怎么开头?

如果我能告诉你该怎样开头就好了。如果我能帮助所有有志向的作者解决这个问题就好了。真见鬼,如果是这样,我应该会有很多钱,像个真正的医生一样。

让我的乡村俱乐部会员和白色的凯迪拉克再多等些日子吧,真实的答案是:你只有沉浸在写作的过程当中,进一步理解笔下角色(真人或虚构)的复杂性,发掘他们的欲望和恐惧,让故事反过来开口和你讲话,才能为开头找到合适的位置。

当我沉浸到小说创作中时,角色们常会讲出一些意料之外的对话,与其他角色进行意料之外的互动。这种感觉简直不可思议。打字的人虽然是我，但在那一刻我也会看着写出来的文字愣住，就好像手指有了自己的意志。

不，故事医生并没有从自己的处方药柜里偷吃安定剂。当我进入了最好的写作状态时，**故事真的会**反过来和我讲话。

传记也一样。哪怕我写的是自己的故事，对经历的前前后后再熟悉不过，有时也会写出一些我自己都不知道自己知道的内容。也许是我重新理解了母亲看待世界的视角，也许是我明白了二十岁出头时自己为什么会做出那些危险的决定。我看着纸上的文字，意识到书中出现了一些全新的切面或解释。

也许我写出来的并不是最终成稿的文字，而是淋浴时脑子里冒出的一些思路，我将它写在碎纸片上，最终成功解决了写作时困扰了我好几天的问题，将我从绝望的胡写和无声地转动座椅中拯救了出来。

答案并不在头脑里，而是在打字的手指上（这只是个比喻）。

但**你**的开头怎么办呢？

我开出的药方是：多试错，多修改，大剂量使用删除键和许多次的重新再来。

牢记一个开头应当完成的两件事：

1. 给读者一个继续阅读的理由（理由要真诚，不要耍花招）。
2. 照应核心故事。你既可以在开头将现实情况直截了当地讲出来——"但愿乔凡尼可以吻我"，也可以表现得比较隐晦——"凡是有钱的单身汉，总想娶位太太，这已经成了一条举世公认的真理"，你还可以用画面来表现——卡车从托比和他妈妈身边呼啸而过，但隐形的磁河从此处开始就要向下流淌，向着遥远但必定会发生的结局流去。

✚ 故事医师的问诊电话：
治疗错误或无趣开头的方法

所有作者都会犯错。失败的作者只会放任自流。成功的作者会直面惨状，动手解决。

❶ 病症诊断：就是不知道开头句子怎么写

这个问题好像我之前已经回答过了，你可以回去了。但医生总是有不断重复的习惯，在此我再讲一次。

➡ 治疗方法

不知道故事该怎么开头？

你只是**暂时**还不知道，继续写就好了。

替代治疗法

随便写一句放在这里，相信你之后还会回来进行修改的。

❹ 病症诊断：无法割舍心爱的描写段落

人们很容易对自己写出来的东西产生感情，尤其是花了数个小时，甚至是数天精心打磨再打磨写成的内容。一想到要把辛苦写出来的句子或段落删掉，想到那些打了水漂的时间，心里就像吞了一把苦药一样。

但无论你的描写多优美，这样的开头只要无法快速启动你的故事，最后总是会出问题。

难道你希望读者的第一感受是："为什么他要告诉我这些？"

➡ 治疗方法

如果这段描写确实很优美，先保存下来，之后找个地方放进去。

我们不需要一下掌握你祖父母农场的全貌。等到故事进行到你沿着祖父厨房后面的台阶走下去，拎着剩饭去喂猪的时候，我们才需要看到这些场景，此时你可以通过一双九岁男孩的眼睛展示一切。

我们也不需要了解主人公所有的背景资料。等到我们有必要关心这个角色的时候自然会想去了解，强制性地一口气写出来是没有用的。正如艾萨克·巴甚维斯·辛格（Isaac Bashevis Singer）所说："当作者试图解释得过多的时候……他还未开始就已经迟了。"[1]

所以，只把我们想知道的告诉我们。

甚至可以把内容分散在各处。

推着故事不断向前走。

❷ 病症诊断：好东西都在后面

除非你名叫斯蒂芬，姓金，而且碰巧就是**那个**斯蒂芬·金（Stephen King），只要读者觉得第一章无趣又令人困惑，就不会去看第二章还有什么有趣的东西。

顺带一提，在这里我并不是想批评斯蒂芬·金。他的开头写得棒极了。我只是想说，只有那些拥有上百万忠实粉丝的作者才会拥有耐心的读者。如果这是你的**第一本**书，一定要把磁力调整到最强。

---

[1] 艾萨克·巴甚维斯·辛格：《小说的艺术》（The Art of Fiction），载《巴黎评论》（*The Paris Review*），1953。

而且现实情况是,如果开头挑动不起好奇和兴趣,读者根本没有机会对着第一章打哈欠,因为代理和编辑才是最严苛的读者,如果你的开头不能入他们的眼,作品很可能会永不见天日。

治疗方法

以角色和动作开头,拿出最好的写作水平。

治愈病症的方法与练习

试错是作者最好的朋友。下面这些开头的方法不妨试试。

斯蒂芬·金的法则

关于小说引导句的重要性,金有自己的看法:

> 开篇句要把读者邀请到故事里。它给读者的感觉应该是:听着,你过来。你会想知道这个的。[1]

---

[1] 斯蒂芬·金,引自乔·法斯勒(Joe Fassler):《为什么斯蒂芬·金在开篇语上花费"数月甚至数年"》(Why Stephen King Spends 'Months and Even Years' Writing Opening Sentences),大西洋月刊网站,https://www.theatlantic.com/entertainment/archive/2013/07/why-stephen-king-spends-months-and-even-years-writing-opening-sentences/278043/,2013年7月23日。

研究一下开篇句吸引读者的点到底在哪里。你能为读者提供什么：是神秘感、幽默感、生动的人物描写，还是扣人心弦的问题（明确提出的或是暗含在文中的）？读者眼下最想知道的是什么？根据开篇的引导，接下来的内容中读者最应当关注的是哪些问题？

读一读自己的第一句话，再读一读第一页纸，假装这些都不是你写的，假装你只是碰巧读到了陌生人写的这些文字，然后问问自己，**我想接着读下去吗？**

如果回答是肯定的，**问问自己为什么。**

即兴创作

一本书的开头方法远不止一种，让我们来多试几种方法，这些林林总总的尝试就像一个虚拟药柜中存放的无数点子。

你可以试着以这些已经出版的作品开头为蓝本，即兴创作自己的开篇句：

威廉·李斯特·海特-穆恩（William Least Heat-Moon）以一个警告作为《忧郁公路》（*Blue Highways*）的开篇："小心那些夜晚冒出来的念头。"[①]

如果让你在开头写一条警告，你会怎么写？

[①] 威廉·李斯特·海特-穆恩：《忧郁公路》，3页，纽约：霍顿·米夫林出版社（New York: Houghton Mifflin），1991。

小心_____。

玛丽·卡尔（Mary Karr）在自己的传记《撒谎者俱乐部》（*The Liars' Club*）中以一段重要的早期记忆作为开头："我最敏感的记忆被一大团黑暗包裹着。"[1]

你或你的主人公最早的敏感记忆是什么？

_____

_____。

J. D. 塞林格（J. D. Salinger）的《麦田里的守望者》（*The Catcher in the Rye*）是以一段既傲慢又随意的自我介绍作为开头的："你要是真的想听我聊，首先想知道的，大概就是我在哪儿出生，我糟糕的童年是怎么过来的，我爸妈在我出生前是干吗的，还有什么大卫·科波菲尔故事式的屁话，可是说实话，那些我都不想说。"[2]

放在自己的角色上试试：

你要是真的想听我聊，首先想知道的，大概就是

_____

_____。

---

[1] 玛丽·卡尔：《撒谎者俱乐部》，3页，纽约：企鹅经典出版社（New York: Penguin Classics），2015。

[2] J. D. 塞林格：《麦田里的守望者》，孙仲旭，译。译林出版社，2007。

但那些我都不想说……

阿尔贝·加缪（Albert Camus）的《局外人》（*The Stranger*）开头只有六个字："今天，妈妈死了。"①

怎样用六个字开头，把故事的雪球滚起来呢？

_____。

司各特·菲茨杰拉德（F. Scott Fitzgerald）的《了不起的盖茨比》（*The Great Gatsby*）用父辈曾经的教诲勾起了读者的好奇心："在我年纪还轻、阅历尚浅的那些年里，父亲曾经给过我一句忠告，直到今天，这句话仍在我心间萦绕。"②

如果以这句话作为开头（可以随意将父亲替换成母亲、祖母、老师、宠物龟等等），下一句要接什么，怎样引出那句铭记在心的忠告？

_____

_____。

拉斐尔·萨巴蒂尼（Rafael Sabatini）的《丑角》（*Scaramouche*）是以一句有趣的概括性描述开头的："他

---

① 阿尔贝·加缪：《局外人》，3页，纽约：诺普夫/人人文库（New York: Knopf/ Everyman's Library），1993。
② 司各特·菲茨杰拉德：《了不起的盖茨比》，1页，纽约：查尔斯·斯克里布纳之子出版社（New York: Charles Scribner's Sons），1925。

生来就拥有笑的天赋,感觉整个世界都疯了。"①

可以放在你的主人公身上:

他(她)生来_____。

或是用在传记里:

我生来_____。

尽情模仿自己喜欢的开头。

尝试的次数越多,你越能发现无限的可能。

---

① 拉斐尔·萨巴蒂尼:《丑角》,3 页,波士顿:霍顿·米夫林出版社(Boston: Houghton Mifflin),1921。

情节来源于人物……我始终认为这些存在于我脑海中的人物——这些角色——知道自己是谁,要去做什么,会发生什么,他们只是不会打字,需要我们帮忙写在纸上。

——安·拉莫特(Anne Lamott)[①]

[①] 安·拉莫特,引自苏珊·卫汀·阿尔伯特(Susan Wittig Albert):《平凡的日子,非凡的一年》(*An Extraordinary Year of Ordinary Days*),173页,奥斯汀:得克萨斯州大学出版社(Austin: University of Texas Press),2010。

第三章　为文章健康开出的处方
角色、对话和场景

本章涵盖的范围很广，大概和你的年度体检差不多，但这里的体检不会那么尴尬。

举个例子，在这里你不用更换医院宽松的"袍子"等着医生进来。

我也不会批评你的体重又增加了。

我们会为你的**角色**、**对话**和**场景**进行检查，并且对症下药，让你的书稿更加健康、齐整。

人物即故事

人物**就是**故事。

那些我们不断讲述的故事，不管是那些午餐时从朋友处听来的故事，还是那些写进小说和回忆录的故事，都不可避免地涉及人物，涉及我们的优点和缺点，涉及人生得意和失意的时刻。人类的故事总能吸引我们的注意力。这是故事开始和结束的地方。

即便是儿童读物故事里出现的熊猫宝宝、逃跑的兔子，或是公牛费迪南德，这些动物也是拟人化的，它们充满了各种人类的渴望。其他诸如星际科幻小说，或是充满精灵或食人兽的奇幻故事，在描写非人类角色时也会以人类行为作为参考模型。想想《星球大战》中的机器人 R2-D2 或 C-3PO 吧，它们类人的一面给故事带来了多少戏剧元素和喜剧色彩。

小说涉及的内容十分广泛，但人类的经历才是其中最核心的内容，也是小说能被人记住的原因。以《愤怒的葡萄》(*The Grapes of Wrath*) 为例，书中对经济大萧条和大灾荒的描写确实很有价值，但人们最终牵挂的还是约德 (Joad) 这一家佃农的命运。如果没有约德一家的故事，《愤怒的葡萄》不过是一本历史教科书、一篇经济学论文，或是一张苍白的数据清单。

当然，传记关注的也是人类的经历。在这种情况下，你的角色是真实的人物——你，也就是作者，以及你认识或见过的人——同时也是角色（一旦你决定将他们写进书里）。

那么角色要怎样在故事中动起来呢？

我想和你分享一条最重要的原则，这也是初学者最难理解的一点：你的角色不是由你来**定义**的。他应当由角色本身的行为、反应、不作为、说过的和没说过的话来共同定义，对读者而言，这种写法比你直接讲出来更有效、更有说服力。

你的任务并不是定义角色，而是帮助读者将一个矛盾而复杂的真人形象视觉化、深度化。

举个例子，我们来看这句话：

鲍勃是个麻木而刻薄的人。

这些只是单词，是抽象的词语。读者能理解，但他们既看不到，也感受不到。文字在他们的脑海中留下了印象，在感官神经上却没有印上任何痕迹。

但如果换成这样：

年轻的服务员把巨大的T骨牛排端上角落的桌子，但鲍勃几乎没瞧他一眼。"里面最好不见血丝，"他大声嚷嚷着，挥舞起来的餐刀几乎要碰到女朋友丹尼尔的左臂，"不然你一点小费都别想拿到手。"

多数读者都会对第二个例子产生情感反应。如果你和我一样，也曾经以餐桌上的小费度日，这种反应应该会格外强烈。

为什么第二种方法会奏效呢？为了理解这一点，我们不妨看看现实生活中你是怎样认识一个人的。

让我们假设已经过了午夜时分，你那个总是对男人看走眼的妹妹蒂娜给你打电话，说："我认识了一个男人，他叫里奇。我想邀请他参加爸爸妈妈的感恩节晚餐。他很体贴，你们肯定会喜欢他的！"

此时你脑子里想的是什么呢？

除了被夜间电话打扰而产生的厌烦感，正常人类的反应应该是："我要亲眼见到才会相信。"

这就是人们的真实想法：他们先在脑海中留下印象，等待证据的出现，最终才会真正接受一个观点。

如果感恩节来临时，里奇身穿格子短裤和脏T恤，浑身一股廉价波本威士忌的臭味，足足晚了两个小时才出现，用刺耳的声音和你妈妈打招呼："嗨，这位漂亮妈妈，我们什么时候吃饭？"你只会怀疑妹妹再次看走了眼。

如果他又徒手从火鸡上扯下了鸡腿，还不停鄙夷露西姨妈的节日毛衣，你的想法会再次得到验证。

但如果情况正相反，里奇上门拜访时为女主人带来了鲜花，摸了摸你家的狗，对着五岁大的小侄女做鬼脸，把她逗得咯咯直笑，并在席间提到自己有一份稳定的工作，这时你开始相信自己的妹妹终于找对人了。如果饭后他还帮着洗盘子，可以说你已经被彻底说服了。

人们只有亲眼见到才会相信。

印在纸上的文字也一样。你当然可以告诉读者"里奇是个很贴心的人"或是"鲍勃是个麻木而刻薄的人"，想说多少次都没有问题，但读者并没有被你说服，他们要自己去鉴别。

只有把鲍勃放到纸面上，让他走动、说话、大吼，让他在自己女朋友的左胳膊旁边挥动起牛排刀来，才能反映出他究竟是个怎样的人，读者才会做出判断。

作者有时会忘记**展示**贴心或粗鲁这类特质的重要性，除此之外，写作新手也经常很难针对角色做出完整的特征描述，读者看到的不是真实鲜活的人，他们不知道角色怎样穿过了房间，紧张或沮丧时手里会有什么小动作，也不知道他说话时有什么特别的语音语调。

作者是很容易忘记这件事的，因为你能在角色身上看到极其丰富的细节，毕竟这个形象就藏在你的脑海里。当你写下并阅读这句话——"丹尼尔把椅子从鲍勃身边挪开，轻轻从桌上拿起自己的金汤力，缓慢地倒在鲍勃的腿上"——时，你看到的其实是一个有着固定身高和发型，穿着某种衬衫，用某种特定眼神注视着自己粗鲁男友的女性。

之所以能够看到这些，是因为你在完成一稿、二稿和三稿的过程中，已经花了很长时间在脑袋里描绘丹尼尔的形象。

但如果**我们**看不到这些，丹尼尔这个人就如同不存在。

虚构写作就是这样，当然对传记来说也一样。对于传记中描绘的人，可能你已经认识他许多年，或是从出生以来就在和他打交道。但要记住，无论你写的是自己的母亲、邻居、托斯卡纳的无花果果农，还是自己，对读者而言是完全陌生的。你需要赋予这些人物特点，就像小说家描绘想象中的角色一样。

关于角色还有一点，别忘了我们之前说过的核心故事、隐形磁河，你的角色的欲望、恐惧和忧虑要怎样在故事的第一页推倒多米诺骨牌。如果故事描绘的时间跨度长达数月或数年，那么别忘了角色的欲望、恐惧和忧虑不是静止的，它们会变化、转型、消失和重现，指引角色人生的变化方向。

呆板的角色只会以一种方式行事，只想要一种东西。真实的人要复杂得多。

对话即故事

对话也会讲故事：只不过我们真实的样子与我们选择呈现出来的并不完全相同。

除非你喝下了吐真剂（关于吐真剂是否真的有效，尚无定论），否则我们每天说出的都是真假参半的混合体，有些你信以为真的未必是实情，有些你希望让别人信以为真的，也许自己并不相信，还有那些闪烁其词的话语，那些遗忘的事，以及那些彻彻底底的谎言。

我不是要指责你不可靠，我指责的是人类的这种特征。

尽管语言是这样的变化无常、不可捉摸，但作为人类，我们还是会对其他人说的话抱以极大的兴趣。想想你听到过多少次这样的问题：

"他**到底**是什么意思？"

> "她到底是怎么找借口摆脱**那件事**的？"
>
> "她想让我相信**什么**？"

就像角色不应当是呆板的一样——祖母心地善良，除此之外没有任何其他特点——我们所说的话和我们表达的方式也没有字典上定义的那么简单。

对比一下这两个例子：

> "你为什么骗我？"妻子想要知道。
>
> "我也有脆弱的时候。"我回答，"这样做我真的很抱歉。老实讲，我也解释不清自己的行为。既然我们现在这样面对面坦诚地讲开了，我真切地希望这件事不会影响你对我的信任。"

讲得很清楚，但直白得可怕。

首先，人们很少会讲完整的句子，也很少会直截了当地回答问题，尤其是在这种做了错事且极度后悔的情况下。

和接下来这段长一些的例子对比一下：

> 我把钥匙扔在桌上走进厨房，问史黛西她这一

天过得怎么样。她没有回答。我说自己基本上虚度了一天。她还是没有回答。于是我问她为什么一句话都不说。

她眯起眼睛靠着厨房的岛台:"帕特里克,告诉我你为什么这样做。"

"做什么?"我问。

"你知道我在说什么。"

"我不知道。"

她大概思索了两秒,问了一个很有逻辑性的问题:"你是不知道自己为什么做这件事,还是不知道我指的是什么?"

"我不知道自己为什么做这件事。"

史黛西转过身去打开冰箱门,留下我独自思考我做的蠢事。整件事实在是太蠢了。一分钟后,她拿了一杯酒——只有一杯,而不是两杯——走到了客厅,在宽大的扶手椅上坐下。

我跟了过去。

"你当时想做什么?"她问道,"伤害我?"

"不。"我站在屋子中间,"这与你无关。"

她眨了眨眼,抿了一口酒。我走过去也坐了下来,想着自己刚刚说的话听起来有多蠢。她是我的妻子。这件事怎么会与她无关呢？

过了一会儿，我试着再开口。

"下班后我们和办公室里的人一起出门。她错过了车。我开车送她回了家。她邀请我进屋。"

"她邀请你进屋？"

"是的。然后事情就那样发生了。"

"就那样发生了？"史黛西几乎要笑起来，但并不是因为高兴，或是准备要原谅我。也许她只是喜欢看我这样摇摆不定的样子。

"我不觉得这是什么值得骄傲的事。"我说，"是我搞砸了。"

她抬起眉毛："是吗？"

在这段关于婚姻的故事里，双方说的都不是自己的心里话，双方也都不想显得非常脆弱。他们做出的是正常人的反应：顾左右而言他、计较用词、话中带刺、用问题来回应问题、逃避直接回应。

但从上面的对话中，我们对帕特里克和史黛西这两个人更加了解了。从对话中我们看到了二人语言的细微区别、停顿和含糊其辞背后的原因，当然还有史黛西的肢体语言，以及在屋与屋之间游走的编排。

也就是说，读者需要自己得出答案（细心的作者已经把原料准备好了）。事实上，读者也希望能自己得出答案。

这是阅读的乐趣之一。

把二加二放在一起，让读者自己得出结果，这是一种富有魅力且颇受欢迎的智力游戏。作为设计等式的人，我们最终的决定会让角色更加真实可信。

关于对话我还有两点建议：

我们可以发现，在第二段例子中没有运用太多副词，例如"史黛西讽刺地说道"或是"我唯唯诺诺地回答"。如果角色的意图无法通过语句和内容清晰地表达出来，你要做的应当是修改这些语句和内容。

即便动词也不是必要的，埃尔莫·伦纳德（Elmore Leonard）提醒过我们："对话是属于角色的，动词的出现纯属是作者多管闲事。"[1]

不要多管闲事。

但要注意倾听。

捕捉真实语言的节奏和不规则性的最好方法是听别

---

[1] 埃尔莫·伦纳德：《埃尔莫·伦纳德写作的十条规则》（*Elmore Leonard's 10 Rules of Writing*），23页，纽约：威廉·莫洛出版社（New York: William Morrow），2007。

人说话，思考语言背后的潜台词，注意听我们是怎样打断别人和自己说话的。记录我们忽略问题，或是以问题来回答问题的频率。记录我们语言的混乱程度，以及那些破碎的语言和未表达完整的想法。

"写对话的时候，边写边大声读出来。"伟大的约翰·斯坦贝克（John Steinbeck）曾这样说道，"只有这样，才能把说话的感觉写出来。"[①]

场景即故事

生活不会存在于真空之中，我们（在小说或传记中）探索的也一定是某个有形的、具有真实感的场景。

场景是故事的一部分，我们选择的故事场景（或是因为别无选择而卡在这里）、周身围绕的事物（或是因为贫穷而不得不接受的这些东西），以及那些构建出来的无尽细节，从深层次反映出我们（或是我们的角色）究竟是怎样的人。

除此之外，通过角色与场景的互动，读者也能更加了

[①] 约翰·斯坦贝克，引自《工作中的作家：巴黎评论·作家访谈 4》(*Writers at Work, The Paris Review Interviews, 4th Series*)，编者：乔治·普林顿（George Plimpton），186 页，纽约：企鹅图书出版社（New York: Penguin Books），1977。

解角色，理解角色的优点、缺点、恐惧、欲望、希望和梦想。

下面这个例子摘自查尔斯·狄更斯的短篇小说《圣诞颂歌》(*A Christmas Carol*)：

> 斯克鲁奇（Scrooge）账房的门开着，这样他就可以时刻监视那个办事员，办事员在外面的房间里抄写信件，那个房间又小又暗，简直就像个柜子。斯克鲁奇账房里生了很小的炉火，办事员房间里的炉火就更小，看起来简直就像只有一块煤。他没法多加煤，因为斯克鲁奇把煤箱放在自己房里，要是办事员拿着煤铲进来，东家肯定会叫他另谋高就。正因如此，办事员围上了白羊毛围巾，还想靠烛光暖和暖和，这个人一向没有多少点子，他那样做自然没有什么用处。①

作为一个吝啬鬼，斯克鲁奇的名字已经变成了吝啬贪婪的代名词，这间办公室也准确地反映出了他的性格。

这里还有一个例子，摘自司各特·菲茨杰拉德的

---

① 查尔斯·狄更斯：《圣诞颂歌》，刘凯芳，译。人民文学出版社，2016。

《了不起的盖茨比》：

> 我们穿过一条高高的走廊，走进一间宽敞明亮的玫瑰色的屋子。两头都是落地长窗，把这间屋子轻巧地嵌在这座房子当中。这些长窗都半开着，在外面嫩绿的草地的映衬下，显得晶莹耀眼，那片草仿佛要长到室内来似的。一阵轻风吹过屋里，把窗帘从一头吹进来，又从另一头吹出去，好像一面面白旗，吹向天花板上糖花结婚蛋糕似的装饰；然后轻轻拂过绛色地毯，留下一阵阴影有如风吹海面。
>
> 屋子里唯一完全静止的东西是一张庞大的长沙发椅，上面有两个年轻的女人，活像浮在一个停泊在地面的大气球上。她们俩都身穿白衣，衣裙在风中飘荡，好像她们乘气球绕着房子飞了一圈刚被风吹回来似的。我准是站了好一会，倾听窗帘刮动的噼啪声和墙上一幅挂像嘎吱嘎吱的响声。忽然砰然一声，汤姆·布坎农（Tom Buchanan）关上了后面的落地窗，室内的余风才渐渐平息，窗帘、地毯和两位少妇也都慢慢地降落地面。[1]

---

[1] 司各特·菲茨杰拉德：《了不起的盖茨比》，巫宁坤，汤永宽，萧甘，译。上海译文出版社，2006。

这两段描写中包含了大量信息，我们得以瞥见这座俯瞰曼哈塞特海湾的豪宅有着怎样极致的财富和显赫的特权。菲茨杰拉德在营造气氛，同时也隐隐暗示了轻盈和飘浮是屋外的清风带来的。如果关上窗户，屋内也许会出现不祥的预兆。

以上两个例子展示了场景与故事间的关系，但我要指出的是，并非所有场景描述都要对角色的主要特征有所反映（冰冷的账房映照出斯克鲁奇吝啬的灵魂），或是具有深刻的象征意义（两位少妇慢慢地降落地面）。

你不需要逐一为架子上的每个小摆件赋予深刻的含义，这样反而会让故事变得乏味且用力过猛。

有时，我们描写房间和外景是为了让故事显得更加真实。场景指的并不是某种具体的语言或肢体特征，也不是指角色的衣着或发型。场景对小说和传记的重要价值在于，读者能感受到角色是真实的人，在实体空间里过着实在的生活，这样读者才会对角色产生关注，跟着故事走下去。

除了那些有意而为之的实验戏剧，演员不会凭空裸露着出现在舞台上，他的周围一定会有桌子椅子之类的道具，还会有能够体现出年代背景的舞台装置。

观众想看的是发生在**某个场景中**的情节和动作，读者也是一样的。

➕ 故事医师的问诊电话：
关于角色、对话和场景等常见问题的治疗方法

角色和场景若想给人留下深刻的印象，细节设计就会耗费很多时间，但这份努力是值得的。好的作品会让读者在某个瞬间忘记自己正在阅读，以为自己真切地存在于故事场景之中，经历着每一次转折。正是精巧的细节描写让这种体验成为可能。

❗ **病症诊断：你塑造好一个角色（展示了他对服务员极端粗鲁的态度），接下来该怎么办？**

在描述角色——或是你前夫的性格特征的时候，如果你只能想起他对服务员很粗鲁，那么你就需要对角色做更多了解（问问自己当初为什么想嫁给这个人）。

真实的人充满矛盾，小说或传记中的角色也一样。

➡ **治疗方法**

发掘这些矛盾。

但不要一次全部展示出来，而是要循序渐进，就像

现实生活中发生的一样。

当有新朋友、新同事或妹妹的新男朋友进入到你的生活中时,想想你是怎样判断他们是什么样的人、你要如何看待他们的。指挥他们笔直地站在六英尺远的地方,让你足足研究上五分钟?

不会。我们只会**随着**时间的推移观察他们的言语和行为,从而了解和构建起自己对他们的看法。

在书里也是一样,角色形象随着章节的前进而愈发清晰(而且复杂,正如真实世界中的人一样)。

❶ 病症诊断:忘记了埃塞尔姑妈从船上落水那天穿的是什么衣服

这是传记作者中一种普遍的担忧。如果你写的是二十年前发生的事,怎么可能确切回忆起当时的对话,或是服装、天气这类细节?

实际上,即便你写的是二十分钟前发生的事,绝对准确地回忆也是不可能的。每时每刻都有事情发生,而我们又总是会零碎地忘记一些事情。

但对话和描写对角色塑造至关重要,读者想要知道角色是什么样的人,会做出什么样的举动。对话是了解角色的一手材料,比起作者干巴巴的讲述更有可信度。

我们该怎么办?

➡ 治疗方式

如果你描写的是人生中重要的转折点——例如午餐前母亲来到学校把你接走,告诉你她要与父亲离婚的那一天,或是父母坐下来告诉你小妹妹病得很重,可能活不下来的那一刻,或是在三十岁的一天,你确诊了癌症——记忆总是极其深刻的。它们深深印在我们的潜意识里,即便是再次回忆起来,也是准确清晰的。

但那些不容易回忆的事要怎么办?

其实只要下一番功夫,你是有可能回忆起来的,只是要付出更多的努力。把记忆想象成一口垂着粗绳的深井,黑漆漆的,深不见底。拉动绳子,记忆也会被拉扯出来——**哦,我想起来了,埃塞尔姑妈穿的是亮橘色的救生衣,衣服大了两个尺码**。如果你不停地在脑海中还原当时的场景,一段记忆会勾起另一段记忆(救生衣下面是朴素的蓝色条纹泳衣),之后还会勾起另一段(你的父亲说了哪些取笑埃塞尔姑妈的话,他取笑自己妹妹苍白的脸色,而当时埃塞尔姑妈脸上又是什么表情)。

有时探寻也能够唤起记忆。比如,你可以询问当时在场的其他人。可以看看当时的照片,除了自己的家庭照片，也可以看看陌生人的照片中关于场景、服装和发型的细节。1973 年 8 月电视里在放什么？当地报纸的头条是什么？去看看杂货店里的广告，听听广播当时在播什么节目。

顺带一提，如果你和表亲对落水一事有着完全不同的记忆，不要被对方的记忆动摇。经过自我质疑与版本比较，你仍然坚持**自己**的记忆，说明这段记忆才是对你最重要的（同时还有下面一条忠告）。

我的忠告是：

你知道自己什么时候在说谎。

不要做这种事。如果事情没有发生过，不要编造故事，说自己的妹妹把弟弟推下了船，差点把他溺死（或者保留这个想象出来的细节，把故事写成小说）。

为了让故事更搞笑或更可怕，你可能还会夸大其词。这种事情也不要做。

从另一个方面来讲，至于那些更小的细节，例如一小段对话或衣服的样式，成熟的读者清楚一个传记作家要做到的是尽量诚信，把最真实的内容传递给读者。如果你对记忆的准确性有所迟疑，可以明白地告诉读者。如果你和妹妹对一次圣诞夜的争吵有着截然不同的回忆，这种截然不同的原因也许和争执本身同样有趣，所以和读者一起探索吧。对记忆的挖掘也是一段旅程，你可以和读者一起穿过迷雾走向光明。

也许你父亲并没有说那些话，但他说了类似的话，开了类似的玩笑。也许你的母亲那天穿了一条蓝色的裙子，罩着一件黄色的毛衣，或者这是她前一天的穿着，你把这两天搞混了。但是，这是她平时的穿着。

最后，如果你努力思索、探求，在种种可能的地方核查回忆，并且看起来清晰准确，那就写下来吧。读者理解记忆的运作方式，他们只需要你将自己回忆起来的、从记忆深处打捞上来的事情忠实地分享出来。

这就是你能做到的最好了，继续写下去吧。

❶ 病症诊断：故事场景没有任何特别之处

赫尔曼·麦尔维尔（Herman Melville）让他的故事发生在一艘捕鲸船上。这个设定很难超越。

但好消息是：你不必超越他。

➡ 治疗方式

我们不需要纯白的沙滩和蔚蓝的海水，不需要淡紫色的石楠花点缀在连绵的荒野上，也不需要伟岸的巨松和震撼人心的山峰。

场景可以简单地设置在房车里,只要主人公或是你的祖母经常待在这里即可。一张扶手上打着补丁的棕色旧沙发是场景,街道上的一块空地是场景,嗡嗡作响的冰箱也是场景。

重要的是你的故事发生在某个地点,并且能够通过众多微小的细节向读者展示这里的独特之处。

对传记来说,只要描述清楚有什么东西即可。

对小说而言,不要用力过猛,编造过于"戏剧化"的场景。真实的世界同样精彩。

解决角色、对话和场景问题的方法与练习

当你完成第一章后,掏出彩笔和铅笔,换上享受的心情。接下来,我们要对角色、对话和场景当中的细节问题进行研究。

给角色标上黄色、粉色和绿色

抓一把不同颜色的记号笔。

拿出写好的第一章。

自己慢慢大声朗读,用记号笔(比如黄色)将文章

中直接**告诉**读者的有关角色的信息标记出来：

米莉是个吹毛求疵的人。

然后换一只粉色记号笔，将你**展现**给读者的角色性格标记出来：

米莉的书全部是按字母排序的，书籍紧贴架子的外沿码放得整整齐齐。

最后换一只绿色记号笔。随着时间和空间的交替，角色的某些行为会反映出她的性格，将**我们看到的行为**标记出来：

米莉匆忙赶到教堂的地下室，开始布置长桌上的塑料餐具。"不对，不对，"她低声抱怨道，"全都错了。"麦琪·米勒从厨房走过来说，用纸盘子端上来的炸鱼自助餐根本称不上一顿正经的晚餐。米莉连头都没有抬起来。"只要有正式的礼仪，任何场合都不是问题。"她一边说着一边把刀叉调换了位置，"别在那里闲站着，帮我把餐巾叠好。"

如果章节中绿色比粉色多,而且几乎没有什么黄色标记,那么文章就没有出大问题。

如果情况相反,拿好你的药,你还有很多工作要做。

贫乏的对话

来读一下这段对话:

> 汤米走进休息室,手里拿着咖啡杯。
> "嗨,汤米。"萨拉轻快地说。
> "嗨,萨拉。"
> "你好吗?"
> "哦,我挺好的。"
> "那可真不错。你的妻子梅琳达还好吗?"
> 汤米迟疑了一下:"她不太好。"
> "哦,真抱歉。出什么事了?"
> "哦,萨拉,我们一直想要个孩子,去年我也对你讲过,但已经过了八个月,梅琳达还是没有怀孕。她自然会很焦虑,不知道我们还能不能怀上孩子,我也一样。其实上个月我去做过检查,医生说我的精子数量没什么问题。梅琳达也去做了检查,她的医生也没有发现任何导致不孕的异常情况。我们试

着保持积极的态度，但时间越久，我们就越没有信心。你知道吗，根据美国疾病控制和预防中心的统计，全国有 670 万 15—44 岁的妇女的生育能力受到损害。"

现在深吸一口气。

如果你想去谷歌一下什么叫"生育能力受到损害"，那就去吧。

无论它是什么意思，都不是人们的日常用语。作为练习，我们来把这个场景重写一下。

首先，我们要去掉无用的部分。"嗨，汤米"这句话没有为角色、场景或故事提供任何信息。同样，"嗨，萨拉"也没有任何价值。假设这个场景的核心故事是一对年轻夫妇无法受孕，我们根本不需要写前七行文字。我们可以让萨拉从汤米的表情中看出一些端倪，使她问："出了什么事？"或者我们可以让他坐在桌边看杂志，上面有一张婴儿笑嘻嘻的照片，但他直接翻过去盖住了。

怎样才能在合适的时候准确地抛出这个紧张的引子呢？

去掉无用的内容后，接下来要处理的就是汤米这段长长的独白。这段独白毫无可信度，因为没有人会这样说话，中间没有任何停顿，而且交谈的主题这样私密，多数人都会感到有些不舒服。

　　重写这段时，请注意我们写的不是独白，而是一段交谈。怎样才能让一个三十二岁的男性在办公室的休息间里，对一位自己信任的同事谈起妻子不孕的事呢？

　　萨拉就坐在那里吗？（她在房间里，是坐着、站着、走动着，还是摆出了一个瑜伽的姿势呢？我们完全不知道。）

　　她有没有安慰汤米，有没有鼓励他卸下自己的心理负担，还是对这个话题感到不舒服呢？

　　对于这样私密的问题，汤米是怎样权衡用词的？他会在哪里停下，在哪里压低声音，在哪里显出犹豫的神色，有哪些事是他不会讲出来的？

　　如果他是拿着咖啡杯走进休息室的，肯定是想再倒一杯咖啡。那么，他的咖啡倒好了吗？对话是在倒咖啡时发生的吗？会不会上一个人已经把咖啡壶倒空了，他正在煮一壶新的，这时候才和他的朋友萨拉谈起了自己的婚姻问题？

　　这些问题是没有正确答案的，只是汤米手里需要有些事情做。

　　萨拉也一样。如果坐在桌边，她是在吃东西，还是在读报纸？

屋里只有他们两个人吗？还是汤米为了保护隐私特意压低了声音？

休息室里有窗户吗？有自动贩卖机吗？有微波炉吗？

房间给人的感觉是冰冷无生气的，还是舒适宜人的？有哪些细节支撑呢？

想法已经成型了。接下来我们需要的是一整套描述：对话、角色、场景和动作。

如果你的对话段落也有上文中的毛病，既呆板又没有说服力，这时可以返回去看一看，有没有能够改进的地方？

为场景注入生机

在《小说的艺术》（*The Art of Fiction*）一书中，小说家约翰·加德纳（John Gardner）提供了一种练习场景写作的方法，这个训练后来经常被用在写作课堂中，一些希望了解角色所处环境对小说有着怎样影响的写作者也会使用这种方法。

加德纳要求写作者想象出一个建筑，他没有具体指明是什么样的建筑，所以可以是房屋、办公楼、摩天大厦，或者是谷仓。此时，一个男人看到了这座建筑，他的儿子在不久前死于战祸。你可以想象一下，这种悲伤的情绪会对他眼中的建筑产生什么影响。但加德纳要求写作者"不许提及他的儿子、战争、死亡或是这个男人观看的动作"[①]。

这个练习的精妙之处在于它强化了一个观念，即场景——此处指的是建筑的外观——不是一种静态的描写，不是单纯地将建筑师的观念放在句子中，不能脱离角色和核心故事而要与它们紧密地联系在一起。

加德纳的训练还有另一半内容，他要求写作者描写出"在同样天气、同样时间的条件下，同样的建筑在幸福恋人的眼中是什么样子的。不能提及恋爱或恋人的名字"。

这种训练既适用于小说，也同样适用于传记，既可以描写室内客厅、乡村厨房之类的场景，也可以描写玉米田、扭曲的篱笆，或是破碎的混凝土之类的景观。书中叙述者（角色或传记作者）的精神状态、发生的环境（在某个特定节点出现的描述性文字）、核心故事或隐形磁河都是决定场景描述方式的依据。

也可以换一种说法，你、我以及另外四十个作者在创作四十二本不同的书，我们坐在驶向曼哈顿下城区的

[①] 约翰·加德纳：《小说的艺术》，203 页，纽约：年代书局（New York: Vintage Books），1991。

斯塔顿岛渡轮上，看着暴风雪吹过甲板，每个人都从自己或角色的角度描写眼前的景色，而每个人的描述都是不同的，正如寒风中翻滚的雪花也没有两片是相同的。

现在你也可以来试一试，根据加德纳的建议从下面三个不同场景中选择一个，或是从自己正在创作的作品中挑选出一个需要注入活力的描写段落：

1. 场景描述：入学的第一天，孩子向着学校走去，他眼中的小学操场是什么样的？不要直接说出这是第一天，也不要讲孩子有什么特别的恐惧或期待。（时间来到离校的最后一天，这个孩子即将前去参加为期三个月的夏令营，此时在他眼中操场又是什么样的？）

2. 场景描述：一间候诊室，你的主人公独自坐在里面。医生很快就会回来告诉他胃里的小肿瘤究竟是恶性还是良性的。不要直接提及癌症、肿瘤或疾病。（依然是在同一间候诊室，医生离开后，病人正在慢慢收拾自己的东西。医生向他发出了健康通行证。）

3. 场景描述：坐落着小小的农舍、外面有两间仓库的牧羊场。在距离牧场三十英亩[①]左右的地方，

---

① 1 英亩约为 0.405 公顷。

主人公开着车出现了。二十分钟前,她刚刚签署了继承财产的法律文件,梦想成真了。但是不要直接提抵押、不动产转让或梦想之类的事,只描述她看到了什么。(同样还是在这条车道上,讲述者的卡车上拉着三只生病的羊羔,她刚去看过了兽医,对自己的生活感到疲惫而沮丧。)

我想去相信它是真的。有什么能比看到、闻到、摸到、听到、感受到更真实呢?

——芭芭拉·汉比（Barbara Hamby）[①]

[①] 芭芭拉·汉比:《与芭芭拉·汉比的访谈》(An Interview with Barbara Hamby)，故事之南（storySouth），www.storysouth.com/poetry_features/2007/02/an_interview_with_barbara_ hamb.html，2007 年 2 月 11 日。

第四章　生命线测验
情景和感官细节

　　作为热心的读者，你一定知道生动的好故事是由精致的细节、丰富的语言、活泼的动词和亮眼的名词共同组成的，不仅仅是提供具体信息那么简单。小说和传记之所以能够抓住读者的注意力，是因为故事提供了一种体验，一个逃离世界开启旅程的入口，读者能短暂地跟随书中的情节经历人生。

　　这种体验可以追溯到原始社会，我们的祖先围坐在篝火旁，讲述着更加久远的伟大神话和英雄传说。直到如今，能够吸引人们关注的基本要素依然没什么变化。

　　有趣的是在过去的二十多年里，科学家运用检测人类脑活动的新技术，绘制出了我们在进行特定活动时脑部"点亮"区域的区位图，对人们听故事时的大脑活动过程进行了追踪。

本杰明·K. 卑尔根（Benjamin K. Bergen）是大脑活动研究前沿领域的认知科学家，他利用核磁共振技术（MRI）追踪了人类的手眼运动、反应时间和反应模式。此前的研究人员曾断言，大脑中只有某些特定部位负责处理语言——确切地说，只有"布洛卡区"（Broca's area）和"韦尼克区"（Wernicke's area）能够处理，而卑尔根的研究结果推翻了这一结论。他和其他研究者认为，那些我们曾经认为是用来控制视觉和运动的部位，同样能够处理语言。

用卑尔根的例子来说，当受试者看到"游击手把球扔向一垒"这句话之后，并不是简单分解出每个单词的意思，而是会激活大脑中掌管视觉和运动的不同部分。

卑尔根曾在国家公共广播电台中讲解过自己的发现："我们理解一个动作的时候，会在视觉系统中再现它的模样……在运动系统中再现它的模样，像那个游击手一样，把球从手里投掷出去……在你看到描述某种特定动作的词组时，大脑会模拟这个过程。"[1]

---

[1] 本杰明·K. 卑尔根，引自《想象一只飞翔的猪：词语如何具现在大脑中》(Imagine a Flying Pig: How Words Take Shape in the Brain)，NPR 新闻晨版，www.npr.org/templates/ transcript/transcript.php? storyId=180036711，2013 年 5 月 2 日。

不仅如此，通过类似的脑图技术，加拿大的心理学家发现我们在阅读故事时会调动一些特定的神经网络，那是我们日常与他人交往沟通，特别是需要理解他人想法和感受时使用的神经网络。研究表明，我们理解书中角色的方式与理解真实生活中他人的方式并无区别。

换句话说，经过精心打造的语言可以营造出强大的虚拟现实环境，让置身其中的我们尴尬、大笑、脸红、悲伤、狂喜，甚至忘记呼吸。经由故事点亮的神经网络带我们经历真实的好奇、怀疑、担忧和焦虑。对我们来说，故事中的人物和现实中有血有肉的人同样有趣。

这一切都源于白纸上一排排黑色的抽象记号。

让读者眼前一亮

作者需要有意识地通过纸上的文字与读者产生情感共鸣，共同经历某种体验，使他们融入角色之中，共享舒适与局促、愉悦或悲伤的感受。写作者需要鼓励读者对角色产生好奇心。

感官语言能够激活读者的神经突触，简单来说，这是一种能对我们的感官产生吸引力的语言。

来看看下面的句子：

记得孩子都还小的时候，圣诞节的早晨是那样美好。

或者放到小说里：

卡罗尔记得孩子都还小的时候，圣诞节的早晨是那样美好。

或许"圣诞节"这个词语本身能勾动一些读者回忆起松油、烤火腿、彩灯或无花果布丁，除此之外，这两段文字无法对视觉、嗅觉、味觉、触觉或听觉产生任何吸引力。"圣诞节"一词勾起的感受并不在写作者的掌控之中，那是读者自己的回忆，而不是作者想要分享的故事。

我们真正需要的是这样的句子：

在莎拉和泰勒走到楼梯底，张望着看到流光溢彩的圣诞树下堆积的礼物后，家里总是充满了欢声笑语。这时他们会问："爸爸，现在可以了吗？我们现在可以拆了吗?"但卡罗尔还在厨房准备早餐,屋里弥漫着烤吐司、烘蛋、芝士锅和熏培根的香气。"我们要等妈妈来了再拆。"乔治提醒孩子们,而他们也会耷拉着嘴角,装出一副难过的样子。但只要仔细观察,就会发现孩子们的眼睛兴奋地闪着光,他们愉快地抚摸着礼物光滑的包装纸,举起盒子掂掂分量,猜测盒子里面装的是什么。厨房里锅碗瓢盆叮叮当当的声音再熟悉不过,奏起了家中的圣诞颂歌。"爸爸你快去帮她。"莎拉会说,"我们越快吃完,就能越早看到圣诞老人带来了什么礼物。"

圣诞节的早晨从一句简单的"记得孩子都还小的时候……那样美好"变成融合了气味、色彩、纹理和重量的描写段落,动作、期待感以及锅碗瓢盆的叮当声也穿插其中。读者的脑海里装满了细节,如同自己身在现场,看着情景和记忆在面前重构起来。

在认知科学家利用核磁共振技术绘制出读者脑图的一个多世纪之前,约瑟夫·康拉德创作了小说《黑暗的心》(*Heart of Darkness*)。但在那时他已经发现了感官细节的重要性。他后来解释道:"我的任务,同时也是我最终想达到的目标,即凭借文字的力量让你听到、感受到,并最终真切地看到。"①

来看看《黑暗的心》的节选片段，马洛（Marlow）和他的船员在刚果河上寻找神秘的库尔茨（Kurtz）：

> 水流越来越急，汽船似乎已经奄奄一息，船尾明轮疲倦地拍打着河面。我发现自己正踮着脚尖，全神贯注地等待下一次拍打声传来，因为我清醒地意识到，它会随时报废。那种感觉，就像看着最后的生命之光一点点消逝。②

我并不建议你模仿康拉德的句法或措辞，毕竟这是一个多世纪之前的文字，现在来看不免显得过时和呆板，但请注意他笔下的描写不仅是想要告诉我们船已经破旧，很可能要报废，还让我们也随着叙述人一起"踮着脚尖，全神贯注地等待下一次拍打声传来"。

还有类似的例子：

> 既然有那么多木头，又有人警告我们要小心，我

---

① 约瑟夫·康拉德：《"水仙号"的黑水手》，14页，纽约，花园城市：双日出版公司，1914。
② 约瑟夫·康拉德：《黑暗的心》，叶雷，译。译林出版社，2016。

就在河中央把船停好。河道又窄又直，两岸高高地隆起来，像铁路的路堑。离太阳下山还早得很，这里就已经迫不及待地阴沉了下来。水流稳而急，但两岸一片死寂。被藤蔓绞在一起的大树（尽管还活着），还有矮树丛里每一棵活着的灌木，都仿佛化作了石头，甚至连那最柔软的新枝，最轻盈的嫩叶，也冰冷僵硬。它们不是睡着了——诡异得仿佛灵魂出了窍。四周是一片全然的寂静，人害怕地睁大眼睛看着它们，渐渐怀疑自己聋了——然后黑夜突然降临，又把人砸瞎了。大约凌晨三点，一条大鱼跃出水面，噼里啪啦的水声刺耳得像枪声，吓得我跳了起来。[1]

在康拉德的笔下，老旧的汽轮停在河中间，四周不仅充斥着丰富的视觉细节——"被藤蔓绞在一起的大树（尽管还活着）……"——相关的描述还唤起了我们的幽闭恐惧症，似乎丛林中有什么东西正向马洛和他的船员们逼近，寂静中蕴藏着险恶。

等清晨到来后，康拉德笔下的叙述者从梦中醒来，遇到了惊险的一幕，正如下文：

---

[1] 约瑟夫·康拉德：《黑暗的心》，叶雷，译。译林出版社，2016。

日出时，升起一团极暖极湿的白雾，比黑夜更浓稠，凝滞着，死死赖在那里，紧紧包围住你，牢不可破。等到大约八九点钟，它就像一扇百叶窗一样，渐渐上升消散。我们又能够看上一眼那些参天大树，缠成一片的乱林，太阳悬在上空，像一个炙热的小球——全部都纹丝不动——然后那扇白色的百叶窗又迅速地稳稳落下，好像滑下一个上满润滑油的滑槽。我命令把刚刚收上来一点的锚抛回去。锚链还在钝重地嘎嘎响着，突然传来一声惊叫，叫得山崩地裂，仿佛从无尽的凄凉里喊出来，在灰暗的空气中缓缓飞升。它停了，然后是一片哀怨的吵闹声，混在野蛮人古怪的喧哗里。仅仅是因为猝不及防，我帽子里的头发就全部倒竖起来。我不知道别人对此有何感想：这场凄惨凌乱的骚动是如此突然，而且明显从四面八方同时爆发出来，我觉得就像是那片迷雾本身在惊叫。这场骚动突然进入高潮，爆发出一声震耳欲聋的尖叫，戛然而止。[1]

白雾不仅很沉，而且"极暖极湿……浓稠"，它"紧

---

[1] 约瑟夫·康拉德：《黑暗的心》，叶雷，译。译林出版社，2016。

紧包围住你，牢不可破"。在这令人窒息的湿气之外，我们听到的不仅仅是出乎意料的响声、尖叫声，或是痛苦的哭喊声，而是"突然传来一声惊叫，叫得山崩地裂，仿佛从无尽的凄凉里喊出来……这场凄惨凌乱的骚动是如此突然，而且明显从四面八方同时爆发出来，我觉得就像是那片迷雾本身在惊叫……"①

康拉德的感官细节渗入了紧张感，与主角的视角融为一体，把恐惧和不祥的预兆与丛林中的绿色植物、河面上的道道涟漪紧紧连接了起来。

这些细节犹如受到了磁力感应，纷纷指向核心故事——我能说这是一条隐形的刚果磁河吗？我们的感官全部被调动了起来，神经网络的通路闪烁着耀眼的光芒。

情景的重要性

当我们把复杂的人物描述、实际生活中发生的对话、具有真实感的环境和丰富的感官细节组合在一起，就得到了一个情景。

---

① 约瑟夫·康拉德：《黑暗的心》，53—54 页，波士顿：贝德福德/圣马丁出版社（Boston: Bedford/St. Martin's），2011。

所谓情景，就是："不用说，拿给我看。"

所谓情景，就是我们每次在电影中看到的：某个人在某个特定的地方度过一段时光，周围有一些特定的物品。一般来说，人们在电影里会相互交流、影响。多数情况下，他们都会和别人讲话。

情景是故事躯干里流淌的血脉。失去了情景，故事就会死去。

这里要强调的是，我们所说的情景不仅仅是一张风景照。

比如说下面这段文字，虽然是大段的描写，但并不能称其为情景：

奶奶的屋子从上到下填满了各种天使的雕像和摆设，这是她七十年来的收藏品。她有一张餐桌，从大屋子的一端延伸到另一端，到了节假日或是有庆祝活动时，家里的所有人都能找到座位，这时她会为大家烹制火腿和土豆，永远吃不完的配菜，搭配两种不同酱汁的烤火鸡。橡木的餐边柜上放着三只水晶酒壶，这是从她意大利移民的母亲那里传下来的。其中一只盛着红酒，另一只装着琥珀色的威士忌，第三只装着诡异的绿色利口酒，闻起来有薄荷的味道，尝起来像是止咳糖浆。

下面这段文字才算是情景：

  走进奶奶的客厅，托尼叔叔正平躺在红褐色的羊毛地毯上打瞌睡。显然他是被玛利亚奶奶存在水晶壶里的酒放倒了。但他应该还没有完全醉昏过去，那一般要等到晚餐之后。

  侄女迪莉娅从钢琴上取下了六个天使摆件，那是奶奶的收藏品，迪莉娅把它们分散地摆在托尼叔叔的胸脯上。"他死了。"她用三岁孩子特有的稚嫩嗓音对我说，"天使会帮他找到上天堂的路。"

  堂兄弟们基本都在隔壁餐厅坐着，桌上摆满了奶奶已经做好的青豆沙拉、土豆泥、地瓜派、甜玉米和绿葡萄凝冻沙拉，几乎已经摆不下别的菜或是餐具了。

  "丽莎，"我的堂兄比尔大声说道，"你怎么来得这么晚？我们都以为你叛逃去朝鲜了。"

  比尔的妻子莎莉向他抱怨了一句，随后向我拍了拍椅子："来坐这儿。"

  "谁来了？"奶奶站在开放式厨房外面喊道，"刚才是谁进屋了?椅子还够用吗?"

"够用,奶奶。"比尔喊了回去,"野丫头丽莎回来了。"

"让她好好歇会儿。谁去把威士忌藏起来,再把可怜的托尼叫醒?火腿三分钟后就能出炉了。"

置身于情景之中,读者会忘记自己,甚至忘记自己在看书,沉浸在情节之中。(这里的双关语是一种刻意的巧合。)①

罗伯特·路易斯·史蒂文森(Robert Louis Stevenson)在名作《金银岛》(*Treasure Island*)中也有类似的例子,来看看他是怎样把我们从现实世界拉进书里的。故事中年轻的叙述者吉姆·霍金斯(Jim Hawkins)带领着读者,一路体验好奇与兴奋,最终又怀着隐隐的不安:

在一月份一个寒风割面、滴水成冰的清晨,小湾在严霜的覆盖下只见一片灰白,微波轻柔地舔着沿岸的石头。还没有升高的太阳刚刚碰到山顶,远

---

① 原文 drink in the action,也可译作饮酒,呼应例子中喝酒的动作。

远地照向海上。这天船长起得比往常早,他夹着铜管望远镜向海边走去,帽子歪戴在后脑勺上,一柄弯刀在蓝色旧外套肥大的衣裾下晃荡……

母亲在楼上服侍父亲,我在楼下张罗船长回来要吃的早餐。忽然,客厅的门被推开,走进我过去从未见过的一个人来。那人的脸像白蜡,没有血色,左手缺两个指头;他虽然佩带弯刀,可是不太像好勇斗狠的人。我时刻注意着有没有一条腿或两条腿的水手出现,而这个人当时却使我难以做出判断。他的样子不大像水手,然而又给人吃海上饭的印象。

我问他要点儿什么,他说他想喝一杯朗姆酒。可是我正要离开客厅去给他取酒时,他却在一张桌子上坐下来,把我叫回去。我拿着餐巾就地站住不动。

"你过来,孩子,"他说,"走近一点儿。"

我向他那边跨前一步。

"桌上的早餐是不是为我的朋友比尔准备的?"他斜着眼睛问。

我回答说,我不知道他的朋友比尔是谁;早餐是为住在我们店里的一位客人准备的,我们都管他叫船长。

"这关系不大,"他说,"比尔大副也完全可以称作船长。他脸上有一个刀疤,脾气很讨人喜欢,特别在喝多了的时候。我的朋友比尔就是这么个人。为了叫你相信,我可以告诉你:你那位船长脸上也有刀疤,而且是在右边腮帮子上。可不是吗?我说是嘛。现在我问你,我的朋友比尔是不是在这所房子里?"

我告诉他,船长散步去了。

"上哪儿,孩子?他走的是哪条路?"[1]

让我们回想加拿大心理学家的研究:精心讲述的故事会对脑部神经产生刺激,点亮我们日常与他人沟通时使用的神经网络。在史蒂文森构建的情景之中,我们和年轻的男孩都想知道这个奇怪的造访者是谁,正是这种参与感促使我们继续读下去。

从另一方面讲,在调动感官细节、搭建精致情景的过程中,读者也有自己的任务。我们来听听小说家弗朗辛·普罗斯(Francine Prose)是怎么对等式另一端的读

---

[1] 罗伯特·路易斯·史蒂文森:《金银岛》,荣如德,译。上海译文出版社,**2006**

者解释的：

> 遇到大段需要阅读的文字时，我们会本能地想要加快速度。但实际上放慢速度逐字阅读是必不可少的。奇怪的是，慢读的作用被我们远远低估了。只有通过慢读，我们才能体会到语言作为媒介的价值，这与作家使用笔记、画家使用颜料的方法并无区别。那些读者粗略而过的文字实际是经过精心设计的，这是显而易见的事，却又很容易被人们忽视。[1]

作者应该鼓励那些听从了普罗斯的建议，放慢速度逐字阅读的读者。

创作小说或传记时，如果你觉得自己的文字不仅仅是要传达信息，还要像画布上的油彩一样，用原始的材料将看不见的世界还原到现实生活中来，那么你就走上正轨了。

---

[1] 弗朗辛·普罗斯：《像作家一样阅读：一份给爱书和想写书的人们的指导》（*Reading Like a Writer: A Guide for People Who Love Books and for Those Who Want to Write Them*），15—16 页，纽约：哈珀永久出版社（New York: Harper Perennial），2006。

✚ 故事医师的问诊电话：
关于情景和感官细节的常见问题的治疗方法

若想在文章中增加感官细节的描写，重要的一步是自己要在日常生活中留心这类细节。虽然人们在日常生活中会大量调用视觉、听觉、嗅觉、味觉和触觉，但我们不会时时记录这些感官体验。接下来的诊断、治疗、练习和提示会有助于你缓解这一症状。

❶ 病症诊断：只会调用两种感官

写作新手常会对两种感官表现出强烈的依赖：视觉和听觉。不仅是新手，一些经验丰富的作者在一稿和二稿的创作中也会出现相同的情况。视觉细节往往是我们最先想到的，而听觉细节通常是通过对话展现出来的，也就是角色所说的话和一些话语的表达方式。

这两种方法都很好，但这只是完成情景所需要的一小部分。

➡ 治疗方法

其实我们忽略了很多东西。假设小说或传记里有两个主要人物，他们正站在客厅中交谈。此时我们就需要在对话中加入感官元素。

除了谈话本身之外，想想周围还有没有其他声音。厨房里的收音机（或是某个人笔记本里的潘多拉电台）是不是正开着？窗外有没有汽车噪声？邻居家的狗有没有狂吠？四百米外的地方有没有传来电锯的声音？

我是在宾夕法尼亚的一个工业小城长大的，9号街是一块安静的街区，我就住在其中一栋二层高的房子里。再往南边三个街区的12号街就是一条宽阔的大道，地上铺着铁轨，几年的时间里，这里建起了重工业区。我的整个童年都是在火车的汽笛声中和铁栏杆的倒影下度过的。窗户可以将远处的嘈杂声挡在外面，几不可闻，但是到了夏天的夜晚，风将窗户吹开，那声音就直接灌进耳朵里。

类似的地方会有类似的响声。在那些养着牛、羊、狗和鸡的农场里，站在厨房或门廊里能听到家畜的叫声，听到拖拉机、打谷机和其他农用设备的背景音。城市里听到的是出租车的鸣笛声、警笛长鸣声、货运卡车或建筑工地发出的噪声。即便是在安静的郊区，也会有关车门的响声、孩子们在邻居家后院的笑声，以及枝头的麻雀和乌鸦聒噪的叫声。

看看你把哪些声音漏掉了？

这才是听觉细节。

我们的嗅觉系统也一直在发挥作用，只是有时我们察觉不到：想想擦身而过的路人身上的香味，是古龙香水还是洗发水的味道？回忆一下从公寓窗户或餐厅通风口飘出的油炸食品的味道、垃圾桶的味道、汽车尾气和香烟缭绕的味道。

我们的触觉也非常灵敏。拿着一本书、一支唇膏和一杯冰茶的感觉是完全不同的。抚过大门、煤渣砖墙和多刺灌木的感受也是完全不同的。伸手去掏自己的衣服口袋，你可以摸到钥匙、硬币、钞票、手帕或是线球。如果小说或传记是从孩子的视角来写，想想看自己在这个年纪会不会用树枝乱戳、翻动石块、徒手掰开橡子，或是摘一朵蒲公英。到了我现在的年纪，我会经常抚摸下巴，感叹自己的胡须长得有多快。

最后来讲味觉。

如果主人公坐在舒适的小餐馆里吃午饭，嚼着清脆的沙拉，喝着香浓的海鲜汤，我们自然会对味觉有所描绘。但即便不在餐厅里，不要忘了人们还会吃口香糖、润喉糖和薄荷糖，也不要忘了早餐的味道可以在嘴中停留几个小时。人们吃的药有余味，牙膏会留下味道，即便是呼吸的空气也有自己的味道，当然这取决于你是在化工厂旁边、海边，还是微风拂过的麦田旁边。

❶ 病症诊断：全部都是概括性描述

无论是在小说中制造二人冲突，还是在传记中重现旧日回忆，我们确实会倾向于进行概括性的描述，不去构造完整的情景。脑海中的情节（或回忆）是断断续续的，我们会先把表层的活动写出来，之后再去填补其他细节。大家都希望能迅速完结这一页，然后马上去写下一页、下一件事，但这样做很可能会留下大量未完成的情景。

➡ 治疗方法

这就是所谓的"苦口良药"：对好故事来说，情景是不可或缺的，但写起来确实很困难。

它会耗费大量时间。

它需要投入更多精力。

它需要动用更多的想象力（或回忆）。

对我来说，打出一段临时的概括性文字只需要十到十五分钟。但若是搭建完整的情景，就需要将瞬间全部还原出来，并像拼图一样巧妙地组合在一起，要反复检查细节是不是正确，够不够生动，之后还要进一步进行更仔细的检查，确保每一处描写都与人物和环境匹配。这样下来，三四页的情景描写可能会耗费我一整天的时间。

情景的作用是让读者产生身临其境的代入感,仿佛自己此时此刻就站在主人公身边。这很棘手,但十分必要,并会给你带来回报。

解决情景和感官细节问题的方法与练习

无论你是在追溯记忆书写传记,还是在塑造角色创作小说,都要记住:人是生活在充满感官刺激的现实世界当中的。对现实世界的还原度越高,作品就越好看。

作品脱离了现实生活?

这是一个常见问题,你要做的是立刻从键盘前起身,去别处触摸一些东西。我是很认真的。这样做是为了提醒你,我们生活在一个充满了触觉的感官世界。

用手指、脸颊和四肢触碰物体时,我们可以用下列词语来形容感受:

- 粗糙
- 扎手
- 冰凉
- 绵软
- 坚硬

- 疙瘩

- 黏稠

- 柔韧

- 锋利

- 粘手

- 细软

你能再写出十个来吗?

_____

_____

_____

_____

_____

_____

_____

_____

_____

_____

补充了这些新鲜的词汇,我们可以回到情景当中了(不要过于沉迷这个环节。我们的目的不是把所有词都列出来,也不是要全部堆在读者眼前。我们的目标是找到**合适**的细节,放在**合适**的位置)。

从一件事到两件事

还有一个原因也会导致作品失去真实感:我们倾向于让主人公一次只做一件事,但在"书籍之外"的真实世界里,我们通常不会只专注于一件事,而是三五件事一起做。

回忆一下上次你和伴侣或恋人吵架时的情形。你真的是全神贯注地站在那里,系统地陈述自己的观点吗?还是你们其中一人正在准备晚餐沙拉,切着胡萝卜和西红柿,另一个人一边拆信,一边把信件按照账单、传单和垃圾消息分好类呢?

或者也可以回忆一下上次看望父母时的场景。在你迈进大门的时候,父母真的放下了手里所有的事,把所有注意力都转移到了你身上吗?是不是父亲一边打招呼,一边摆弄着电视遥控器,母亲一边喊着"怎么没打招呼就回来了",一边在屋里团团转,收拾着她口中"乱七八糟的东西"?

如果你有孩子,想敲开门去商量周末的计划,你的孩子真的会因为你在讲很重要的事情,就立刻暂停手里的游戏吗(如果你的回答是肯定的,那你应该考虑写一本《育儿奇迹》)?

给自己同时进行的事列一张清单：

- 你会不会一边打着电话，一边在厨房整理超市杂货，把罐头和盒子放上架子或放进橱柜里？
- 会不会在整理洗碗机里的餐具的时候监督女儿写作业？
- 等红灯的时候你会做些什么？
- 坐在办公桌前回复邮件时，你还有什么其他事情做？
- 腾空烘干机叠衣服的时候，你会不会觉得自己像个和尚或是苦行僧？

创作小说的时候，留心一下自己搭建的情景。也许你从未给过主人公分心或是处理多线程任务的机会，他脱离了匆匆忙忙、压力如山倒的真实生活，自然不会给读者以真实感。

当我们书写传记的时候，除了努力还原昔日情景之外，别忘了当时我们还做了很多别的事。

好的叙事声音能与读者建立起紧密的连接，它比那些精雕细琢的写作技巧更能吸引人们的注意力。

——斯蒂芬·金[①]

---

① 斯蒂芬·金，引自乔·法斯勒：《为什么斯蒂芬·金在开篇语上花费"数月甚至数年"》，大西洋月刊网站，https://www.theatlantic.com/entertainment/archive/2013/07/why-stephen-king-spends-months-and-even-years-writing-opening-sentences/278043/，2013年7月23日。

第五章　咽喉与眼科医生来访
叙事声音和视角

在前面的章节中，我们已经讨论了核心故事对作品的重要性，也讨论了如何在一个具有说服力的世界中创造出让读者有代入感的真实人物。写作技巧中还有两个同等重要的因素，那就是故事由**谁**来讲，以及从**哪个角度**讲。

翻开第一页，读者最先注意到的就是叙事声音。接下来我们会谈到，这个主导性的、讲述故事的声音，在绝大多数情况下，不是来自叙事的角色，就是来自作者本人。但除此之外，它还有很多种不同的呈现方式。

同时，我们也能立刻察觉到视角的存在。视角不仅仅局限于第一人称、第二人称或第三人称叙述的简单概念。纸上的故事是从哪个角度叙述的？又是透过谁的情感、理解能力和偏见讲述出来？

如果你愿意的话,请向故事医师咳嗽几声,眨眨眼睛。

我们一起来看看故事的咽喉和眼部有什么问题。

咽喉医生的叮嘱:叙事声音要清晰

小说或回忆录中会充斥着各种不同的声音,但有两条基本原则:

1. 别把叙事声音忘了。
2. 用清晰的叙事声音将读者留住。

读到了这一章,我相信你已经不会犯第一种错误了。第二种可能会比较棘手,但你应该也明白,一旦"比较棘手",就说明它确实是个问题,也许每个作者都应当将它文在自己的小臂上。

如果你打算写一本书,小小的挑战也会变得很棘手,感觉就像骑车的同时还要杂耍八个网球一样。但这也是写作令人兴奋的地方,也是它格外困难的地方。

那么叙事声音是什么?在作品中,它是文风(包括选词偏好、句子长短和句式选择偏好,以及语言的节奏韵律)和叙事人性格气质的混合体。

我们先来看看文风是什么。

文风既可以散淡平和，也可以浓郁张扬。以欧内斯特·海明威（Ernest Hemingway）为例，他创造了一种有高辨识度的文风。

我们来读一读《永别了，武器》（*A Farewell to Arms*）的开头：

> 那年晚夏，我们住在乡村一幢房子里，望得见隔着河流和平原的那些高山。河床里有鹅卵石和大圆石头，在阳光下又干又白，河水清澈，河流湍急，深处一泓蔚蓝。部队打从房子边走上大路，激起尘土，洒落在树叶上，连树干上也积满了尘埃。那年树叶早落，我们看着部队在路上开着走，尘土飞扬，树叶给微风吹得往下纷纷掉坠，士兵们开过之后，路上白晃晃，空空荡荡，只剩下一片落叶。①

海明威以其短小简洁的句式闻名，相当数量的作品都展现了这一特质，但同时请注意他在描述中使用的单音节、双音节词语的数量——干、白、清澈、尘土、空。

---

① 欧内斯特·海明威：《永别了，武器》，于晓红，译。人民文学出版社，2013。

这也是海明威个人的标志:这种文风不是因为词语匮乏,而是他喜欢这种效果。

以这种审美取向来看,文段的最后一句已经很长了:有六十五个字。但他有自己的理由。这种节奏和重复可能是为了唤起读者关于行军的感受,又不会轻易为人察觉。

琼·狄迪恩也是文风极有辨识度的作家。下面的文段来自《奇想之年》(*The Year of Magical Thinking*)——,一本在她丈夫去世一年之后写的传记——的开篇章节:

> 人生在一刹那间改变。
>
> 那一刹那稀松平常。
>
> 在某个时间点,为了铭记这个事件最令我惊异的部分,我考虑过要添加如下字眼:"那一刹那稀松平常。"但我立即明白,"稀松平常"这个词其实全无添加的必要,因为我绝不会忘记:这个词从未离开我的脑海。正是大事件之前周遭一切稀松平常的本质,不断阻挠着我,令我没法理解它、接纳它、渡过它,乃至不能真心相信事件已然发生。如今我确认这一现象其实是普遍存在着的:遭遇突发灾难,我们关注的却是匪夷所思的事情发生时,周遭的情况是多么平凡。飞机坠落时湛蓝的天空;汽车燃起

大火时正在办理的例行差事；孩子们像往常一样荡着秋千，而响尾蛇钻出常春藤咬了他们一口。①

与海明威的风格不同，狄迪恩对单词的选择并没有那么在意，但她经常会剖析自己写下的文字。文字反映了她的思想，呈现出一种不断回溯、反复审视的写作习惯。这种风格与早期的散文家，以及欧洲近代的传记先驱作家类似，文章描绘的不是角色的实际活动，而是狄迪恩丰富的思想活动。

接下来看看性格气质。

在传记当中，叙述者的性格就是作者本人和作品主人公的性格。回忆一下伊丽莎白·吉尔伯特的开场段落："但愿乔凡尼可以吻我。"展现出来的完完全全就是作者的个性。

或者我们可以看看詹姆斯·鲍德温（James Baldwin）的《土生子札记》（*Notes of a Native Son*）的开篇：

> 那些日子里，我妈妈像着魔一样染上了生孩子的毛病。孩子们出生后，我只能一手托着他们，一手举着书。也许这姿势并不舒服，但他们没有抱怨，

---

① 琼·狄迪恩：《奇想之年》，陶泽慧，译。新星出版社，2017。

我一遍又一遍地读着《汤姆叔叔的小屋》(Uncle Tom's Cabin)和《双城记》(A Tale of Two Cities),就这样,我把手头所有的书都读完了,除了《圣经》,虽然这才是我唯一被鼓励阅读的书籍。[1]

鲍德温的聪明、智慧与反抗精神都在作品中有所体现,你很难找到更加简单直接的表现方式。

我们再来看看多萝西·埃里森(Dorothy Allison)在《我确信的二三事》(Two or Three Things I Know for Sure)的开篇:

"我来给你讲个故事。"过去我常常躲在成堆的红豆和成排的草莓后面和姐妹们说悄悄话。她们的脸又尖又瘦,颧骨突出,眼神不安,和妈妈的脸一样,和多特(Dot)姨妈的脸一样,也和我的脸一样。农民,是我们亘古不变的身份。[2]

埃里森传递给读者的不只是信息,更是态度。

---

[1] 詹姆斯·鲍德温:《土生子札记》,3页,波士顿:灯塔出版社(Boston: Beacon Press),1984。
[2] 多萝西·埃里森:《我确信的二三事》,1页,纽约:企鹅出版社,1996。

小说中，我们在字里行间读到那若隐若现（或大放光芒）的人物性格可能属于主人公，属于一个虚构的叙述人，也可能在不同角色间切换。与传记一样，小说中叙述者的声音和性格可以反映出地理、教育、城乡、种族、阶层等多种要素。

例如马克·吐温（**Mark Twain**）的《哈克贝里·芬历险记》（*The Adventures of Huckleberry Finn*）的开篇：

> 你要是没看过《汤姆·索耶历险记》（*The Adventures of Tom Sawyer*）那本书，就不知道我是什么人；不过，那也不要紧。那本书是马克·吐温先生作的，他说的基本上都是真事。也有些事是他胡扯的，不过基本上他说的还是真事。可那也没关系。我从来没见过不会胡扯的人，谁都备不住胡扯过一两回的；不过也有例外，那就是波莉阿姨和那位寡妇，也许还有玛丽。波莉阿姨——她是汤姆的波莉姨妈——和玛丽，还有道格拉斯寡妇，在那本书里都谈到过了——那本书十之八九都是真实的；不过，正如我刚才所说的，有些地方是胡扯的。

为了突出人物特点，书里接下来是这样写的：

那本书是这样结尾的：汤姆和我把盗贼藏在洞里的钱财寻摸到了，我们就富起来了。我们各得6000块钱——全是金币。看着那么多的钱堆在一起，真够吓人的。哦，撒切尔法官就拿这笔钱去放利，因此我们一年到头、每人每天可得利一美元，简直不知怎么办才好。道格拉斯寡妇收养我做她的儿子，说要管教管教我；可是整天价憋在家里真难受，瞧那个寡妇的举止谈吐那么正经古板，简直让人腻味！所以说，到了我再也受不了的时候，我就跑了出来。我又穿上自己从前的破衣烂衫，一钻进那个特大圆桶，就觉得很自在，很知足了。哪知道汤姆·索耶把我寻摸到了，他说他打算搞一个强盗帮；他说我只要先回到寡妇那里，做一个正派人，也可以入伙的。于是，我又回去了。[1]

可能你也注意到了上面的语法问题和方言特征，但同时也感受到了语言的粗鲁和其中包含的那种一本正经的幽默感。哈克需要先回到寡妇道格拉斯那里做个正派人，之后才能加入汤姆·索耶的强盗帮，看到这里，多

---

[1] 马克·吐温：《哈克贝里·芬历险记》，张万里，译。上海译文出版社，2011。

数读者都会笑出来。

另一个绝妙的例子来自李·马丁（Lee Martin）的小说《永远明亮》(*The Bright Forever*)的开篇，小说获得了2006年的普利策文学奖：

> 我从未给别人讲过这个故事，也从未承认自己曾参与其中，但你听好，我所说的都是实情：除非迫不得已，没有人会主动谈起这件事。我的名字是亨利·蒂斯（Henry Dees），那年我还是一名教师——既教数学，也为凯蒂这类有需要的孩子提供暑假辅导。如今我年事已高，即便三十年过去了，我仍然记得那个夏天和那些秘密，记得那夏日的灼热，记得日光是怎样照进黑夜的，仿佛它永远不会离开。如果你想听这个故事，那么你必须相信我。否则尽早合上书本，去过自己的日子吧。我要警告你：这不是一个容易理解的故事，正如它对我来说，也不是一个容易讲述的故事。①

"我所说的都是实情"，这段描写仿佛是为读者敲响

---

① 李·马丁：《永远明亮》，4页，纽约：三河出版社（New York: Three Rivers Press），2006。

了警钟,"如果你想听这个故事,那么你必须相信我。否则尽早合上书本,去过自己的日子"。此处的环境描写也很关键:亨利·蒂斯对夏日光线的描述仿佛预示着悲剧即将发生。

如何找到自己的叙事声音?

前一段例子的作者李·马丁出生于伊利诺伊州东南部,他的父亲在劳伦斯县拥有八十英亩田地。这片伊利诺伊的乡土平坦而严酷,与其他地方相比,有着自己独特的魅力。李是我的朋友,我很了解乡根对他写作生涯的重要意义。

这是他接受的一次采访,其中讲述了出生地对他的小说和传记创作有着怎样的影响:

> 作为农民的儿子,成长过程中我对季节更替和天气变化对生活造成的影响非常敏感。个体与自然之间的联系是我写作的基础,也是我无法摆脱的烙印。随着年岁的增长,我逐渐意识到,我之所以是我,与我从何处来有着密切的关系。[1]

---

[1] 李·马丁:《文章长远的光芒:与李·马丁的访谈》(The Long Light of Prose: An Interview with Lee Martin),1 期 6 卷,《新发现》(Newfound),https://newfound.org/archives/volume-6/issue-1/interviews-lee-martin,2015。

李还在自己的博客上详细阐述了这一观点，讲述自己如何从理查德·福特（Richard Ford）身上获取灵感。福特将自己蒙大拿的乡音带到了短篇小说集《石泉》（*Rock Springs*）当中，这一点尤其给了李以启发。

　　初学者在选择写作素材时，常常会忽略自己身边的事物。他们将目光投向远方，因为他们觉得没人会对自己那点最熟悉、最重要的事感兴趣。我也曾掉进这样的陷阱里，觉得自己生活的小镇和村庄实在不值一写，读者见多识广，不会对这些感兴趣。直到我看到了理查德·福特的短篇小说集《石泉》，听到了其中的声音。虽然他笔下所写的是美国西部，但其中直截了当的行文方式让我备感亲切。这正是我身在伊利诺伊东南部乡亲们的说话方式：矜持中带着一点点直率，对于那些必须要讲的故事，他们会直截了当地告诉你。①

　　很多杰出的作家都会从自己早年的生活中提炼出叙

---

① 李·马丁：《靠近家乡：写那些小而近的事物》，李·马丁博客，http://leemartinauthor.com/2015/10/close-to-home-writing-the-small-and-the-intimate/，2015 年 11 月 12 日。

事声音，从生活的地域和社区中为作品主人公汲取素材，如果将他们的名字列出来，这张清单会很长：威廉·福克纳（William Faulkner）、弗兰纳里·奥康纳（Flannery O'Connor）、弗兰克·麦考特（Frank McCourt）、玛雅·安吉罗（Maya Angelou）、拉里·麦克穆特瑞（Larry McMurtry）、谭恩美（Amy Tan）、理查德·罗德里格斯（Richard Rodriguez）、加里森·凯勒（Garrison Keillor）、马克·吐温。

当然，故事并非一定要设定在自己幼年生活的乡下（或城市、郊区），换句话来说，故事不一定非要发生在我们生活的国家中。凭借想象力和必要的调查研究，作者可以随意选择自己的创作背景。（在科幻小说中，故事甚至不一定发生在自己的母星上。）

但是想要找到自己的叙事声音，最简单的方法是将目光投向自己的内心，听听自己的言语和措辞，它们能反映出你究竟是怎样一个人。

作品的叙事声音可能会与我们的日常谈话有很高的重合度，但它并不**完全**就是日常谈话。真实的交谈不仅有语言，还包括语调、面部表情（眨眼、点头、微笑）和肢体语言（耸肩或手势）。

作家兼评论家路易斯·梅南（Louis Menand）也曾

指出，谈话是具有自发性的，但写作不是，至少在修改环节绝不是自发性的：

> 有些作者会对文字精雕细琢，有些作者则会在彻夜狂欢后一挥而就。但是文中那些看似"交谈一样"的闲话、俚语和挑衅，其实是反复的实验、修改、校订、绕着街区转圈、打电话与人闲谈、再校订之后的成果……作家不是简单的谈话记录员，他们会对言语进行打磨、修饰和完善。他们花了那么多时间，只是为了找到合适的时机——让自己的文字像是一气呵成的产物，没有雕琢的痕迹。[①]

我们确实应当向着言语自然的方向努力，但它一定是打磨和处理过的内容。

梅南在文中提到，最终的作品应当是"一气呵成的产物，没有雕琢的痕迹"。我们读到这样"自然"的文字时，第一反应是作者写得毫不费力，但这基本上都是错觉：好文章通常不是灵光乍现而来的，而是经过了长时间的劳作和辛勤修改。

[①] 路易斯·梅南:《糟糕的逗号》(Bad Comma),《纽约客》(The New Yorker), 2004年6月28日, 第102页。

但更常见的情况是，我们根本没有机会对言语进行修改和打磨，为了迎合读者阅读的趣味，叙事声音早早就被我们自己扼杀了。这是初学者常犯的错误，怀抱着一种似乎在小学和中学阶段就已经被我们熟知的错误观念，认为文章中增添一些无意义的高级词汇会显得更机灵、更抓人眼球。

实际并不会。

作为大学教师，每个学期我都要阅读大量无聊的散文和空虚的短篇故事。这些文章仿佛是出自机器人之手，完全看不到人类特有的内心或灵魂。我常常痛苦地坐在书桌前反复摇头，画出那些冗长而又没有实质内容的句子，圈出那些故作聪明却又词不达意的多音节单词。

之后我会起身离开书桌，走到教学楼的楼道里。学生还是同一批学生，他们吵吵嚷嚷，互相讲述着周末发生的糗事或人生中的闹剧，此时他们的言语突然充满了活力和生机。听着他们说话，我会在心里暗暗笑出声来。这时我会想："可恶，如果他们能把活力注入到文章里……哪怕投入一半的热情……他们都能写出不错的作品。"

正如儿童会随着成长失去天真和创造力，作者也常常会丢掉他们的叙事声音和看法，殊不知那是一笔丰富多彩、有质感、令人欣喜且独一无二的财富。

天啊，你们**千万别变成这样**。

进行听力测验

我还要告诉你一个秘密：

很多作家会在写作和修改时大声朗读出来。

我也是这么做的。如果你坐在我的办公室门外，而我又沉浸在复杂的写作选题中，毫不夸张地说，你八成会听到我自言自语的声音。（有时我还想象，门外的人会想："我的天，丹提一定是疯了。"）但我并不是在与看不见的魔鬼对话，而是从声音的角度考量某个想法或在瞬间表达得是否妥当，在两三句有细微区别的句子间游移，看看哪句能正中音符，跟上文章节奏。一旦我觉得某句话或某个段落听起来还不错，就会进入第二个环节，我会问自己："这句顺耳的话有没有实际意义？"

比起脑子，我更相信耳朵。词语是复杂而狡猾的小东西，但对于那些细小（或明显）的不对劲的地方，耳朵通常都能够察觉到。

一旦句子听起来感觉不错，又有实际意义，加上一些合理的形象和感官细节，能够准确呈现所需的信息，文章有了呼吸，我也就找到了自己真正的叙事声音。

眼科医生的叮嘱：注意视角

在优秀的作品中，叙事声音和视角会合二为一，相互促进，组成一个共同的整体。我会结合经验讲一讲这两种武器怎样发挥组合功效，效果通常比两者分离要好，但首先，让我们熟悉一些基本概念。

严格意义上来说，视角只分为三种：第一人称、第二人称和第三人称。

我们举例来看：

"编辑态度恶劣地拒绝了我，我走到他面前打了他的鼻子。"（第一人称）

"既然编辑这样态度恶劣地拒绝你，你大可走到他面前去打他的鼻子。"（第二人称）

"编辑态度恶劣地拒绝了小说家诺拉，她走到编辑面前打了他的鼻子。"（第三人称）

可怜的编辑，他大概也是罪有应得。

其次，文章的视角决定了叙事者对事件的了解是有限的还是全知的。

有限视角的意思是，读者看到、接收、理解、感知以及期待的所有内容，全部来自一个人，也许是叙述者，也许是主人公（有些小说会在章节间更换叙述人，视角也就跟着转换了，但即便如此，视角也是受到限制的）。

举例来说，如果是以有限视角来写，你的故事主人公打了编辑的鼻子，编辑跳上出租车逃走，此时你（或你的主人公）可以看到跳上出租车时编辑是什么样子，他钻出窗户咒骂了什么，车开走时他后脑勺的样子，除此之外再没有其他内容了。你肯定不能写编辑回到办公室后是怎样对助手怒吼的，也不能写他打算如何报复。

你可以这样想：在现实生活中，如果编辑态度恶劣地拒绝了你，你打了他的鼻子，之后是不可能知道他跳上出租车后会发生什么的，也不会知道他在想什么。在有限的视角下，叙述人同样也不知道这些事。

在现实生活中，你还可能会因暴力行为遭到指控，要小心。

从另一个角度来讲，**全知视角**则意味着"知道所有事"，如上帝一般知晓世界发生的一切，即便主人公正站在市中心，读者也知道在城市另一头发生了什么。我们能看到小说家诺拉打了编辑的鼻子，在她挥拳的时候，我们看到了她的内心想法（"接招吧，你这个卑鄙小人"），她揉关节的时候我们站在她身边，陪着她看出租车远去。随后——通常此处有一两行空白——读者会出现在"瞎眼、愚蠢与疯狂"出版社的办公室里，眼看着编辑踹翻废纸篓，对着电话大吼大叫，因为他的鼻子被打断了，但联系不到医生。

只要作者愿意，故事的各个方面，所有角色的内心世界，任何地点场景都是对读者开放的。

根据定义来看，传记是由第一人称叙述的，视角也是有限的。

作为作者和主人公，你可以猜测自己的前夫和那个二十三岁的牙医助理跑掉时心里在想什么，也可以想象（如果必须要这样做的话）他们懒洋洋地躺在酒店的床上，喝着橙汁香槟，相互按摩足底，许下永恒的爱情诺言，但你并不在场，不能确定真的发生了这些事。

有人曾尝试用第二人称和第三人称来写传记——与其他艺术领域相同，作家也喜欢将传统规则扭曲拉伸一番，看看能创造出什么新形式——但这种尝试毕竟是少数。

也许有人尝试过用全知视角写传记，但除非作者是圣诞老人（"你睡觉的时候他知道，你醒着的时候他也知道"），否则我也不知道该怎么创作。

在小说创作中，只要你做出理智的决定，并保持前后的连贯性，哪种视角都可以使用。

但视角还有更深层的力量，它与角色间有着紧密的联系。这是一个统一的整体，整体作用大于部分之和，此时视角与叙事声音融合在一起。

在有限视角下，读者与叙述人或主人公看到或听到的东西是一样的——仿佛世界上只剩下一台摄影机，这台机器就绑在叙述人的额头上。但除此之外，视角也代表了观点：人物是**如何**看待这个世界的。

解释这个观点有个最简单的办法，我们可以让一个孩子来做叙述人。比如小莫林正是五六岁的年纪，她看到的事情、听到的单词与同屋的成年人没有任何区别，但解释的方式与成年人完全不同，对行为的理解通常会有偏差（"我偷偷往门里看，妈妈和爸爸都在床上，光着身子，他们在打架"），也不能理解话语背后的真实含义（"妈妈和爸爸光着身子在床上打架，但妈妈在祈祷，一遍又一遍喊着耶稣的名字"）。

当然也有不低俗的解释方法，比如肯塔基赛马大会（Kentucky Derby）即将开赛的时候，一名终生与马为伍的骑手看到参赛者走到栅栏前，此时他会注意到一些我们注意不到的事，对这一幕的理解远比我们更清晰、更深刻。再举例来说，如果一个愤怒的男人冲进餐馆，不明缘由地挥舞手臂，大吼大叫，那么饱受配偶虐待的人会怎么看？同样还是这个场景，不当班的**警察**看到又会有什么想法？如果换作是受过训练的心理咨询师，可能又是不同的反应——她会注意到一些特别的细节，在向丈夫转述这件事时，讲述的角度也会与他人不同。

作为一个乐观主义者，我看待世界的方式与那些充满忧虑的朋友截然不同。我眼中的世界，脑子里回荡的声音肯定与极度悲观、充满怀疑的人是不同的。

至于那个被当作出气筒的编辑？

你给了他的鼻子重重一击，他只能坐上出租车逃走，从编辑的角度来看，他看到、听到和感觉到的肯定和你不同。其实手稿被拒这件事，从他的角度看也会有完全不同的理由。也许出版社陷入了严重的财政危机。也许他很喜欢你的小说，但就在几周之前，这家出版公司刚刚签下了一本类似的作品。也许你在传记中记录了慈母的离世，而几周之前他刚刚埋葬了自己的母亲，此时此刻他无法客观看待这部作品。

人们通过双眼看到的东西并没有太多不同，但我们的观点、理解、偏见、初步的判断与考虑，以及隐藏在心底的过往等等，就像那可怜编辑鼻子上的瘀青一样，深深浅浅，各不相同。

为了充分说明视角的作用，我们来看看在狄更斯的《远大前程》(*Great Expectations*) 选段中，匹普（Pip）

除了卓越的观察力，面对环境的性格和态度是怎样的：

  我的姐姐，也就是乔·葛吉瑞大嫂，要比我大二十多岁。我是由她"一手"带大的；不光是她自己老爱拿这件事自赞自夸，连街坊邻舍也都这样夸她赞她。那时候，我怎么也弄不明白这"一手"两个字究竟是什么意思，只知道她的手生来又粗又笨，动不动就要啪的一下落到她丈夫和我的身上，我就想：大概乔·葛吉瑞和我两个人都是她"一手"打大的吧。

  我姐姐的模样儿长得并不好看，我总是有这么一个印象：乔·葛吉瑞竟会娶上她，一定也是她"一手"创造的杰作。乔倒是个白皮肤的男子，脸皮光洁，淡黄色的两鬓是鬈曲的，蓝色的眼瞳淡得似乎和眼白快要融成一体，难以分辨。他脾气柔顺，心地善良，性情温婉，待人随和，兼带几分傻气，真是个可爱的人。很有几分像赫邱利（Hercules），有他那份力气，也有他那点毛病。

  至于我的姐姐乔大嫂，头发和眼睛都生得乌黑，皮肤红得特别刺眼，我有时禁不住怀疑：莫不是她

洗脸擦身用的不是肥皂，而是肉豆蔻……①

在小说《深夜小狗神秘事件》(*The Curious Incident of the Dog in the Night-Time*)中，马克·哈登（Mark Haddon）尝试以一种更为复杂的透视视角进行创作。他笔下的叙述人克里斯多夫（Christopher）是个十五岁大的男孩，有着这个年纪应有的观察视角，但同时他还是一名自闭症患者。具体来说，他患有的是一种名为阿斯伯格综合征的高功能自闭症，症状表现为语言上的怪癖和精准的文字使用习惯。

这是小说的开头部分：

> 午夜0：07，那只小狗躺在希尔斯太太家前院的草坪中央，双眼紧闭，看上去好像在侧身奔跑。当狗梦到追逐小猫时，就是这样的姿势。事实上，那只狗不是在奔跑，也不是在睡觉。那只狗死了。它的身上插着一把花园里用的铁叉。叉尖一定是穿透了它的身体，扎进地里去了，因为叉身并没有倒下来。我认为，那只狗很可能是被铁叉刺死的。因为

---

① 查尔斯·狄更斯：《远大前程》，王科一，译。上海译文出版社，2011。

在它身上看不到任何其他伤口,而且,如果它是因为癌症、车祸之类的原因死去,谁又会在一具狗的尸体上插一把铁叉呢?不过这个可能性我不敢完全排除。①

第三人称叙事同样可以植入主人公视角。在这段弗兰克·鲍姆(L. Frank Baum)的《绿野仙踪》(*The Wonderful Wizard of Oz*)选段中,我们能感受到可怜的多萝西(Dorothy)是多么空虚和无聊:

> 如果多萝西站在屋门口,放眼眺望四周,东西南北全是灰蒙蒙的大草原,再也看不到别的东西。没有一棵树、一所房屋阻断视线,四面八方都是一览无余的平坦旷野,直达天际。太阳把耕种过的原野烤成了灰蒙蒙一大片龟裂的荒地。草也不再是绿的了,因为太阳烧焦了长长的叶片的尖梢,使青草和四周一切的景物一样,变成了灰色。房子曾经漆过,可太阳在油漆上灼起了泡,然后雨水把它们侵蚀冲刷掉了,如今的模样已经变得像草原上的万物

---

① 马克·哈登:《深夜小狗神秘事件》,印姗姗,译。南海出版公司,2011。

一样灰不溜丢。婶婶爱姆刚嫁过来的时候,是个年轻俊俏的少妇。可太阳和风也把她的模样改变了。它们从她眼睛里夺走了光彩,只留下了黯灰;它们从她脸颊和嘴唇上夺走了红晕,剩下的也是一脸的灰白。她变得又瘦又憔悴,如今已见不到她的笑容……

叔叔亨利从来不笑。他辛辛苦苦每天从早工作到晚,不知道快乐是怎么回事。从长长的胡须到劣质的靴子,他也是一身灰色。他总是神情严肃,沉默寡言。

让多萝西欢笑,并且使她避免像周围环境一样变成灰色的,是托托……[1]

最后来举一个传记类的例子,这段内容选自布赖恩·道尔(Brian Doyle)小而美的《湿漉漉的引擎:探索心脏的狂野奇迹》(*The Wet Engine: Exploring the Mad Wild Miracle of the Heart*):

戴夫·麦克尔文(Dave McIrvin)医生身材修长

---

[1] 弗兰克·鲍姆:《绿野仙踪》,张建平,译。上海译文出版社,2007。

紧实，他面带微笑地着看着眼前这些充满疑问又自己说个没完的人，直视着他们的眼睛，直截了当地解答疑问。他不会不耐烦地打断你讲话，即便**你**说的都是些蠢话，而**他**什么都知道，只是一旦谈话结束，戴夫会像一只猫一样悄然消失。人突然就**没影了**。这真是你所能见到的一大奇观。他可是穿着绿色大褂的医生啊，只要留心，起码也能看到那抹笑容消失在绿色的旋风和模糊的空气中吧，但戴夫就这么消失了，把我一个人留在原地，此时我不禁想，大概老刘易斯·卡罗尔（Lewis Carroll）能写出柴郡猫不是没有道理的。[①]

道尔在传记中讲述的是自己的一个双胞胎儿子因心脏缺损而面临生命危险，但作品的基调并不哀伤，书中的父亲也没有那种典型的压力下的紧绷感。道尔将自己独特的叙事声音、乐观的个性、幽默的视角结合在了一起，他不仅给读者讲了一个故事，而且让我们不得不继续读下去，看看后面还会发生什么。

[①] 布赖恩·道尔：《湿漉漉的引擎：探索心脏的狂野奇迹》，1—2页，麻省，布鲁斯特：圣灵出版社（Brewster, MA: Paraclete Press），2005。

故事医师的问诊电话：
关于叙事声音和视角常见问题的治疗方法

重要的不仅仅是你说了什么，怎样说也同样重要。
清清喉咙，让我们开始吧。

病症诊断：气丝游离，含混不清

倘若叙事声音始终气丝游离，含混不清，飘移不定，一来二去找不到重点，那么很可能是因为作者没有信心。"我用这样的口吻来写真的合适吗？高中英语老师加菲尔德小姐看了会怎么评价呢？"

越是在创作的初期，这类问题就越容易出现，特别是对写作领域的新手来说，是非常常见的现象。既不要气馁，也不要忽视这个问题。

治疗方法

把真实的叙事声音代入作品之前，我们首先要重新发现它。毕竟经历了学校的文法训练，我们早已在论文和调查报告中抹去了自己的言语特点和个性；经过了职业的锤炼，我们也在成堆的备忘录和工作报告中丢掉了自己极富个性的词汇，因此一时间感到无所适从是很平常的事。也许此时你应当问问自己，你的叙事声音究竟是怎样的？

你可以从下面这些问题入手：

1. 回忆在自己的童年时代，周围的成年人是怎么说话的。比如说，我妈妈在被逼到绝境时会说：

    我已经尽心尽力了，你们小孩子还想干吗？①

    或是当我生病时，她会给校长写假条——尽管据我所知，全家没有人打过高尔夫球——但她会写道：

    丹提昨日身体状况不达标。②

    回忆一下自己的祖父母，他们口中有没有从上一代流传下来的谚语、明喻或暗喻。如果你还有幸见过曾祖父母、姑祖母或姑祖父，也可以回忆一下他们是怎样讲话的。

    联想越多越好，将这些内容全部写下来，每隔几天拿出来读一读，看看自己会有什么新想法。

2. 自己的妈妈或祖母是怎样形容小镇上的人，或是周围的邻居的？

---

① 原文为 What do you kids want, the shirt off my back。
② 原文 up to par 是高尔夫球专业术语，意思是"标准杆"。

例如：

她以为自己能坐在上帝的右手边哩。
他生在酒瓶子里。
她家厨房的地板就能把你喂饱。

———————
———————
———————

3. 对于下列这些常见用语，你的家人和周围的邻居有什么特殊的表达方式吗？

……出身低微

———————

……守口如瓶

———————

……一团乱麻

———————

……卑鄙小人

———————

还有什么其他词？

4. 你出生在哪里？是像李·马丁那样出生在伊利诺伊州偏远的农场？是在石油之城宾夕法尼亚？还是匹兹堡的波兰山？或是离普廷贝不远？这里的人们是怎么说话的？

_____

_____

_____

可能你会想，**哦天，这大概只适用于别人，我长大的地方特别无聊**。但即便是像饼干模子按出来一样的街区，也有自己特殊的语言：

    死胡同

    停车接驳

    街边零售店

不要轻言放弃。

5. 我在前文中引用了《新发现》(*Newfound*)对李·马丁的采访，文章进一步阐述了乡村社会和农场是怎样主导了他的叙事声音和视角的：

因此，我的主人公与其生活的土地密不可分，他们通过自己与环境的互动和反应定义自己的身份。终日驾驶拖拉机在田间耕作的男人，感受着脚下凸起的土块在机器的碾压下日趋平坦，这就是他生活的韵律。而换作蒂斯先生（Mr. Dees）的话，他会看着紫崖燕贴着平坦的地面俯冲奔驰，最终消失在天边，从而开始思考它为何会出现在这里，是何物在背后驱赶它。[1]

在你的作品中，塑造人物、融入并成为主人公内在世界的景致是什么样的？（值得注意的是，所谓的风景不仅出现在农村地区，任何地方都有风景。城市、郊区，即便是监狱和中学教学楼的走廊都自成一派风景。）

_____

_____

_____

6. 现在开始回忆一个童年生活的故事，那些和兄弟姐妹夜间聚谈时总会提起的故事。有的故事很搞

---

[1] 李·马丁：《文章长远的光芒：与李·马丁的访谈》，1 期 6 卷，《新发现》，https://newfound.org/archives/volume-6/issue-1/ interviews-lee-martin，2015。

笑,有的很哀伤。(如果你是独生子,或者与亲戚们的相聚会让你感到不适,也可以用表亲或童年挚友作为代替。)

等到故事在脑海中逐渐清晰,就把它记录下来,尽量把朋友和亲戚杂乱无章的叙述还原出来,停顿、断句和"嗯嗯啊啊"之类的语气词也不要放过。

_____

_____

_____

记录完毕后开始进行"清洗"工作——清洗控制在"即便是不认识你也不认识你家人的读者,也可以读懂"的程度。

不要追求"正确"。那些怪异和有个性的词都可以保留下来。

❷ 病症诊断:搞不清主人公的视角是什么

身为作者,你的工作就是从主人公的视角观察世界,就好像你住在他的颅腔里见其所见,躲在他的耳鼓后闻其所闻,待在他的鼻腔中嗅其所嗅。不仅如此,你还存在于他的头脑中,随着思维进行运作和权衡(或者逃避和狡辩)。

但有时这样做很困难，它不仅困扰着小说创作者，也会对传记作者产生影响，比如如何理解二十年前自己的所思所想。回望多年前的自己，你也许会感觉那是一个陌生人。

➡ 治疗方法

此处需要的是理解力和同理心。

没有人在清晨醒来时会想："哦天，今天我要做个决定，虽然它会搅乱我的生活，但最后会有个好结局。"每个人都计划着做正确的事，或是纠正一些复杂生活中出现的偏差。哪怕是重度瘾君子，也会对戒毒抱着满满的信心，"也许是明天吧"。

少做评价，多去理解主人公的恐惧、局限和困惑，有时候理解的对象可能是年轻时的你。

如果你感觉这样做还不够奏效，捕捉不到作品中角色的特质，可以考虑采访一下与角色相似的人，或是去读读日记，翻看其他记录。

记住，人都是矛盾的：如果你笔下的角色言行始终都是一个样子，那么说明你还没有真正理解他们。

最后，我们还可以考虑从敌对阵营的角度描写，即站在主人公反对的一方来看，双方可能存在误会，也可能是死对头。如果你选择的是有限的写作视角，可能这些描写最终不会出现在小说或传记里，但它能帮助你从双方（甚至五方）的角度理解这个世界。

❶ 病症诊断：那些想要告诉读者的信息，从主人公的视角去看根本发现不了

有限的视角确实会让人产生挫败感。但这就是真实的生活。

➡ 治疗方法

人们似乎总是在黑暗中摸索着前进。这正是生活的有趣之处，我们需要时刻保持警醒和机动性，对未来不断进行预测。

讲故事也是一样。在主人公理解世界、积累知识、解决问题的时候，我们要陪在他或她的身边，这正是阅读的乐趣所在。你并不是在写说明书，你写的是个故事，在真实的故事中，主人公不知道下一刻会发生什么，有时也不知道自己为什么会走到这般境地。

当然，对传记来说也是一样的。你的局限是自己所知、所想，以及重新阐释的内容。你甚至不能确保家人口中的动机和解释是真的，就连你自己的动机和解释也

未必是真的。比如，你姐姐解释了自己为什么会嫁给第一任丈夫，尽管当时所有人都觉得他是个穷光蛋，但现在唯一能参考的只有她当下的解释。就算她对你敞开心扉，记忆也是相当狡猾的，想法会随着时间不断改变。

而在小说中，虽然主人公还不知道她的丈夫为什么要走到甲板后面接听电话，而所谓的"高尔夫周末"明显是婚外情的征兆，但读者不同，他们置身事外，多少可以嗅到一些不对劲的味道（同时期待着看到更多线索）。

有限的视角可以让故事显得更加真实。你可以把主人公不知道的事、不理解的事告诉读者。或者借助主人公和其他人物的言语和行为，你可以告诉读者一些书中人尚且无法理解的事。

解决叙事声音和视角问题的方法与练习

所有诚实的医生都会告诉你，想要得到健康的作品，有规律的锻炼是必不可少的。

仿写

无论是风格还是性格，你都不可能与欧内斯特·海明威、琼·狄迪恩或布赖恩·道尔完全相同。每个人都是不同的，讲话的方式和叙事的声音最终也会显现出差异。

但偶尔仿写一下并不是坏事。你可以把它当作一种伸展运动，让叙事的肌肉更强壮、更灵活。

J. K. 罗琳也对这种练习方法表示支持："模仿自己喜爱的作者，这是一个必经的阶段，这是个好办法，是学习的过程。"[1]

既然如此，故事医师给你开出了这份锻炼指南：

把小说或传记的开篇段落、章节拿出来重写，先用海明威硬邦邦的单音节风格试一次，再用狄迪恩式的循环往复的质疑和探索写一次。然后试试布赖恩式的长句（刻意不断句），措辞充满跳跃感。仿写完这些，再试试匹普（狄更斯《远大前程》中的人物）讽刺的腔调。

不要止步于此。去找自己喜爱的作者，按照他的风格来写。冯古内特之所以是冯古内特的原因是什么？托妮·莫里森（Toni Morrison）是什么风格？玛丽·卡尔又是什么风格？

我们最终的目标并不是变成毫无个性的仿冒者，而是通过这种练习提醒自己，做好这件事有很多种不

---

[1] J. K. 罗琳，引自加里森·凯勒：《作家年鉴》，http://writersalmanac.publicradio.org/index.php?date=2013/07/31，2013 年 7 月 31 日。

同的方法。

那些我们知道自己知道，知道自己不知道，以及不知道自己不知道的事

我必须承认，这个小标题是我套用的，原句来自一位美国前国防部长，为了避免分心，我们暂且将政治放在一边。

为了更好地从主人公（或者是作者本人）的视角观察世界，可以参考以下三个问题：

1. 有什么是主人公不知道的？
2. 有什么是主人公自以为知道，实则大错特错的（或是暂时不知情）？
3. 有什么是主人公永远不会知道的？

如果小说或传记的主人公知道所有事，全然了解自己，也充分理解自己所生活的世界，那么这个人就不可能是真实的，对不对？

写文章是搭房子,而非内部装修……

——欧内斯特·海明威[①]

[①] 欧内斯特·海明威:《死在午后》(*Death in the Afternoon*)重印本,116页,纽约:斯克里布纳出版社(New York: Scribner),1996。

第六章　一副硬骨头
情节和结构

现在让我们来谈谈骨架的问题。也许你未曾留意过,它是支撑我们身体的重要器官。

小说和回忆录也有骨架,或者说应该有一副骨架,所有优秀的故事医师都会告诉你,保持骨骼健康在文学领域和生理领域都同样重要。

否则,所有东西都会散架。

那么,什么是骨架?故事的骨架又是什么?一本书的骨架是由情节和结构共同组成的,这是审视故事的两种不同方式,既有关联又相互独立,它们的存在保证了故事的每一页连贯有序。

情节是什么？

情节是从故事中生发出来的（也就是我们在第二章中讨论过的核心故事），但并不涵盖主人公经历的整段旅程，而仅由其中沿主线故事分布的单独事件组成。

举例来说，如果小说或传记的核心故事是主人公克服童年极端贫困的阴影，摆脱老师和父母对自己的过分贬低。哈里森，让我们暂且这么称呼他，喜爱绘画，逐渐认识到自己可能拥有旁人不曾发现的潜力。那么在故事中，如果他确实有过人的天赋，他的旅程就是发现自我，并向他人证明自己的实力，只是这条路上注定布满了自我怀疑与额外的障碍。

这个图示虽然有些过于简单，但用来解释情节的作用还是很不错的：

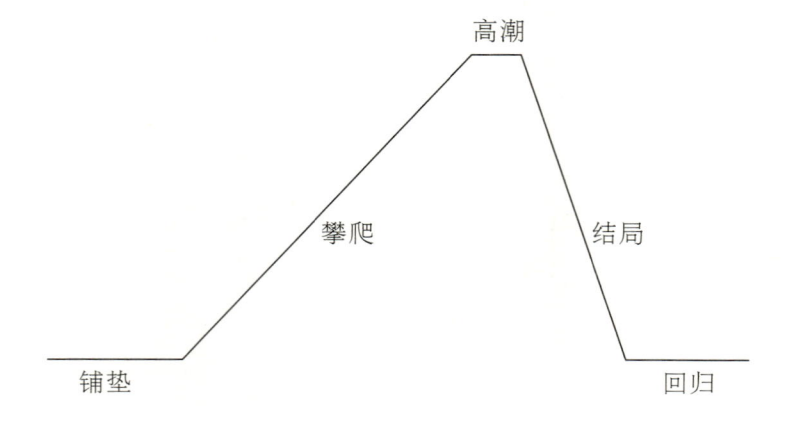

对于铺垫部分，我的建议是内容尽可能简短，甚至可以完全删除（具体参见 173 页结构部分的"拦腰法"一节）。

所谓攀爬，指的是日复一日、年复一年向着同一个目标迈进（或是从泥潭中逃离）的过程，一路上会经历大大小小的坎坷。在此要注意，成功的情节都是有因果关系的，没有一个障碍是凭空出现的，目的是让小说或传记主人公达成目标或避免灾祸。

高潮则是成败的关键——主人公在悬崖边摇摇欲坠，成功与失败都近在咫尺（如何选择取决于作品的基调或类型是什么，"摇摇欲坠的瞬间"既可以富有戏剧性，也可以相当模糊，甚至可以只发生在精神或心理层面上）。

结局（来源于法语单词，意为"解开"）会出现在摇摇欲坠的瞬间之后，自此叙述者或主人公的世界进入一个新阶段。

回归指生活还将如往常一般继续。

举例来说，在我们之前虚构的故事里，哈里森的攀爬阶段始于内心的挣扎：老师觉得他不够聪明，甚至父母也认为他不可能获得成功。但哈里森本人（偷偷地）认为自己是有才能的。也许在某个阶段，他觉得自己必须离开这所普通高中，转到精英高中去接受正统的艺术教育。此时，心胸狭隘的校长和软弱无力的父母会成为他首要的阻力——"怎么会有人想去学艺术呢？"

经过不断的努力，哈里森升入高中三年级，并希望转到更好的学校。在随后的章节中——阻碍仍然不断出现——哈里森获得了绘画奖，遇到了赏识自己才华的老师，并终于在高中四年级的时候被一所视觉艺术专业强校录取了。

先等一下：大学的学费从哪里来？主人公遇到了巨大的挫折。好像一切都前功尽弃了，除非……有许多方法可以让这个障碍推动故事发展。也许此时哈里森暂时放弃了自己的梦想，陷入怀疑和沮丧的情绪中。其实读者也很沮丧，大家都关心着这位年轻艺术家的命运。攀爬的过程起起伏伏，哈里森在挫折、进步、错误与重启间循环往复，直到有一天他的画引起了画廊老板的注意。作品终于开始大卖。

故事的高潮出现在若干年之后，哈里森终于在曼哈顿的著名艺术画廊里办起了展览。此时也许会有其他障碍出现：他又开始怀疑自己，或是艺术界的宿敌出于嫉妒而含沙射影地败坏他的名声。在画展上，我们与主人公一起屏息等待观众的出现，他无意中听到了人们对画作的评价，在接下来的一段时间里，他盼着自己的画作能得到主流艺术杂志的认可。

　　假设一切顺利：作品广受褒奖，好评连连，并被颇具影响力的收藏家收入囊中。故事的结局可以很简单，我们看到哈里森如何接纳了这些荣誉，重新建立了自信，并生出了愈发强烈的使命感。他致力于帮助年轻艺术家完成学业，为他们安排完善的专业教育，让即便是像他一样出身普通的孩子，也能获得自己从未有过的机会。

　　当然，我上面所讲的仅仅是一个概要，作为一个故事，它还缺少完整的描述、环境、场景、具体的细节、感官描写、行文风格以及视角。情节只是整个故事中的一小部分。而其他元素——如细节描写等——才是帮助读者与哈里森建立情感连接的关键，他们一同经历挫折与成功，忍受失望带来的痛苦，分享成功道路上的快乐。情节固然重要，但千万不要认为故事只需要情节好就够了。

　　我们可以这样来理解情节，它其实是一条故事线，如果读者要把故事推荐给朋友，那么他会说：**有个孩子叫哈里森，他出生在新泽西州特伦顿市，成长的环境很恶劣，但他会画画，希望成为一名成功的艺术家。话虽如此，他的老师和父母都不认可他的天赋，于是他想要转校……**

那么，结构是什么？

结构之于故事类似于架构之于建筑。

想象这样一幅场景：如果世界上所有的房子都是红砖搭建的，门外有一条小路，台阶两侧种着低矮的灌木，大门两边是长方形的窗户，屋顶是尖的，那整个世界一定非常无聊（大家半夜回家时一定会经常进错屋）。

好在房屋设计有无限种可能，书籍也是如此。

有些故事讲得很直接，有些则会做各种大大小小的实验。此时，最重要的是做出自己的选择。

按时间顺序

将事件按发生的先后顺序进行排列，从最早的事开始讲起，直到故事结束。举例来说，狄更斯的《大卫·科波菲尔》就从主人公出生开始讲起——"我的传记就从我一来到人间时写起……"[1]——从童年时光一直讲到成年。当然，采用这种结构的叙述者未必要从出生讲起，除非这样做对你有特殊的意义。更好的策略是我们可以从故事开始发生有趣变化的时刻写起。

---

[1] 查尔斯·狄更斯：《大卫·科波菲尔》，9页，纽约：G.W.卡尔顿出版公司（New York: G.W. Carleton & Co.），1885。

画中画

在佐拉·尼尔·赫斯顿（Zora Neale Hurston）的《他们眼望上苍》(*Their Eyes Were Watching God*)中，故事的开头和结尾出现了两个主人公：珍妮（Janie）和费奥比（Pheoby）。一天夜晚，珍妮坐在门廊上给费奥比讲了一个故事。而整本书的内容正是珍妮讲述的故事。

拦腰法

这种叙述方法是指"从故事中间开始讲起"，其他必要的背景信息可以之后再补充。在《走出荒野》的开篇，主人公谢丽尔·斯特雷德就站在北加利福尼亚州一处陡峭的山坡上，脚下是高耸的树冠。

"我刚刚脱掉徒步旅行靴，"她写道，"左脚的靴子已经沉入树海。我硕大的背包倒在了这只靴子上，将靴子弹到了空中，它掠过铺满沙砾的碎石径，飞过山路的边缘，在下面一块突出来的岩石上反弹了一下，接着就飞入山坡上郁郁葱葱的树丛之中，再也没了踪影。"[1]

她本可以从踏上远足的那一刻写起，或是追溯到几

---

[1] 谢丽尔·斯特雷德：《走出荒野：太平洋屋脊步道上的迷失与寻找》，3页，纽约：阿尔弗雷德·A.诺普夫出版社（New York: Alfred A. Knopf），2012。

年之前，从生活开始分崩离析的时候写起，但她选择了这一刻——站在悬崖边的这一刻——由此勾起了读者的好奇心：

她是怎么跑到这儿来的？

丢了一只鞋，接下来她要怎么办？

分割法

托妮·莫里森在《最蓝的眼睛》(*The Bluest Eye*)中将故事分为四部分，取名为秋天、冬天、春天和夏天，各个章节独立叙事，叙述视角也在不同角色和第三人称叙述间交替。读者阅读时需要自己把各部分拼凑起来。

穿插法

本杰明·珀西的《红月》讲述了若干年间多个人物的故事，叙述在不同角色间来回穿插。我们可以回忆一下猪尾巴的样子，每一缕都是一条独立的叙事线，但又相互连接，组成一个整体。

倒叙法

马丁·艾米斯（Martin Amis）的《时间箭》(*Time's*

Arrow）就是这种手法的代表作。小说记录了一名德国军医的一生，只不过是按照倒叙的方法进行的。这种特殊的写作结构是以物理学概念为基础的，即时间箭头可以同时双向前进。

查尔斯·巴克斯特（Charles Baxter）在小说《第一束光》(*First Light*）中也使用了倒叙手法，但故事里没有牵涉到物理原理。故事开篇出现了兄妹两个人，休（Hugh）和多尔西·韦尔奇（Dorsey Welch），已经成年的二人开始向前追忆多尔西刚刚出生的故事，那时休第一次握住了小妹妹的手。

书信体

在斯蒂芬·卓博斯基（Stephen Chbosky）的青春文学《壁花少年》(*The Perks of Being a Wallflower*）里，十五岁的男孩查理（Charlie）给不知名的收信人写了很多封信。同样，海伦·菲尔丁（Helen Fielding）的《BJ单身日记》(*Bridget Jones's Diary*）是由一连串虚构的日记组成的。布莱姆·斯托克（Bram Stoker）的《德古拉》（*Dracula*）除多封信件之外，还有日记和航海日志。

当然，现在已经是二十一世纪了，小说和传记也出现了现代书信体的新形式，比如推特、电子邮件、脸书状态更新等等。珍妮弗·伊根（Jennifer Egan）在《恶棍来访》(*A Visit from the Goon Squad*)中还引入了幻灯片页面的元素。

实验性结构

任何好作品都是具有实验性质的，即便是平铺直叙的讲述方法背后也有数不清的尝试，作者很可能是从若干种新颖的结构中进行了选择，最终决定按时间顺序叙述。

然而，有些作品的结构是为故事精心设计的。玛西亚·奥德里奇（Marcia Aldrich）在传记《未曾说出的故事》(*Companion to an Untold Story*)中引入了字典的编排手法，作品按照字母表排列的方式将挚友自杀后发生的事件和回忆排列成册。在《身体地图》(*Body Geographic*)中，巴里·琼·伯利奇（Barrie Jean Borich）画出了许多地图——真实的，想象的，隐喻式的——来探索克罗地亚祖先的移民史、自己在美国中西部的家乡、身体、文身、人际关系，以及许许多多"记忆中的风景"[1]。

这个清单并不完整，即便目前看是完整的，也仍有

---

[1] 巴里·琼·伯利奇：《身体地图》，20 页，林肯市：内布拉斯加大学出版社（Lincoln: University of Nebraska Press），2013。

作者在尝试用更新的方法搭建小说或传记的结构。

当然，所有作者都想早点知道——或是想让写作导师、研讨组组长或故事医师告诉自己——自己这本书应该怎么写。不幸的是，没有人能回答这个问题，多数情况下你需要经历一个漫长（但很有意义）的实验和试错过程。

这个过程没有捷径，但如果你愿意尽可能多看一些书，多做一些笔记（可以记在心里，也可以写在纸上），看看其他作者有什么解决结构问题的好办法，肯定对你会有所帮助。最好的传记读起来像小说，而一些跻身一流作品的小说看起来异常真实，因此这两种题材都是学习的极佳范本。

让我们记住道格拉斯·亚当斯（Douglas Adams）的建议，这位《银河系搭车指南》（*The Hitchhiker's Guied to the Galaxy*）的作者用五部小说组成了自己的银河"三部曲"：

> "我绝少停留在该去的地方，需要我的地方才是我最后的归宿。"[1]

---

[1] 道格拉斯·亚当斯：《灵魂漫长黑暗的茶歇时间》（*The Long Dark Tea-Time of the Soul*），119 页，纽约：长廊书局（New York: Gallery Books），1988。

✚ 故事医师的问诊电话：
关于情节和结构常见问题的治疗方法

骨头受伤的人需要去看接骨医生。你可以将以下的"操作"视为给作品正骨。

❓ 病症诊断：有人说我的情节用力过度，没有新意

好，我的第一个问题是："有人"指的是谁？我们要以小心谨慎的态度对待建议和批评，除非消息来源确实经验丰富，并且真心愿意向你提供帮助。

但让我们假设不止一个人对情节提出了意见，他们认为你的情节用力过度、过于死板、不够自然，而你也相信提出建议的人并不是随便说说。那么问题就在于，真实生活总是乱七八糟、没有规律的，相比之下，过于简单的故事就显得不够可信。

➡ 治疗方法

和其他作者一样，安·拉莫特认为好情节是从角色中生长出来的，她曾经说过："我始终认为这些存在于我脑海中的人物——这些角色——知道自己究竟是谁，要去做什么，会发生什么，他们只是不会打字，需要我们帮忙写在纸上。"

如果作品的每个转折都能够预测，每个障碍的解决办法都太过简单，还有一个可以预见的结局，那么问题很可能就出在你身上。你把手搭在了主人公的肩膀上，推着他向前走，为了完成作品，你逼着他朝着你需要他去的方向走了过去，而没有让他自己选择。

这永远都不是一个好主意。

剧作家兼小说家罗穆卢斯·林尼（Romulus Linney）对我说过，"永远别去想'我让主人公做点什么比较好呢？'一旦你创造了角色，为他注入了性格，赋予了他偏好和过往，你要问自己：'面对这样的情况，他**会**去做什么呢？'"

如果情节总是能被一眼看穿，障碍轻而易举就能克服，那么你需要回到主人公身上——在传记中就是曾经的你——诚实地向自己提出这些问题：

- 面对同样的情况，他会做什么？
- 他会犯什么错误？
- 他在逃避什么？
- 他在害怕什么？
- 他希望会发生什么？
- 他的愿望有哪些是不现实的？
- 什么外力能将笃定的结局变得不那么确定？

然后我们再回到故事里，逐个场景进行修改，让主人公变得更无常、更混乱、更真实。

❹ 病症诊断：在结构上卡住了，迟迟无法决定

卡住并不等同于失败，但长时间无法做出决断确实是个问题。

为了搞清楚故事的走向，弄清楚如何才能达成这个目标，你曾端坐在书桌前，手指悬停在键盘上，眉头紧锁，头脑中翻滚着无数的念头（或叽叽喳喳乱成一片）。有时这样做确实有效果，有意停下来思考可以给我们打开灵感的大门。

但这种情况如果持续了数天、数周，甚至数月，你就需要动笔了。如果你一定要等到完美的答案，也许十年后你还在写第一章。

➡ 治疗方法

列出两三种备选结构，从中选出一种。如果实在无法抉择，可以扔骰子。之后开始动笔。

即便最后发现选出来的结构不合适，你应该也写出一百多页了，其中的场景和细节都可以打碎再重组。

关于大幅修改的问题我们会在下一章详谈，但根据

我的经验，很少有作者幸运到不需要撕掉草稿，从头再来。

✎ 解决情节和结构问题的方法与练习

有时你需要在句子层面上逐字逐句地润色调整，但有些时候你要退后几步，看看整体效果。下面的方法能够帮助你解决后一种问题。

还在情节上卡壳？

核心故事来源于你自身。无论驱动你创作小说或传记的力量是什么，它都来源于你的内心、灵魂或是肠胃深处（是的，像真正的医生一样，故事医师也不确定人类最深的情感究竟来源于何处）。

但请记住情节总是相似的：不是主人公踏上了一段旅程，就是有陌生人（或无法预计的事）光临小镇。无数作品和故事或多或少都套用了这些经典桥段。

或许你可以重温第一章中约瑟夫·坎贝尔关于英雄旅途的经典研究，看看其中是否有适用于自己创作着的故事的内容："冒险的召唤"（或是称为"克服危机的召唤"，如果你的小说或传记是以疾病或其他健康危机为主题，可以考虑这个元素），前往一个"特殊的世界"克服障碍并完成任务，最终回到平凡的生活之中。

当然，为了丰富自己的情节，你还可以从其他地方寻找灵感，其中包括数以百计的神话和童话故事，以及世界各地富有特色的文化。

"三岁的时候，我妈妈和阿姨给我念了古老的《格林童话》和《安徒生童话》，等我长大一点后，她们开始给我读《绿野仙踪》。"科幻作家雷·布莱伯利（Ray Bradbury）曾说道，"等到十岁十一岁的时候，我脑子里已经装满了希腊神话和罗马神话之类的东西。当然，随即我去了主日学校，接触了基督教神话，它们都各有各的迷人之处……如果非要给我安个头衔，我觉得自己并不是科幻作家——我是一个书写现代科技神话和童话的作者。"[1]

故事无处不在。

试试这些办法：

---

[1] 雷·布莱伯利：《黑夜中的白日：雷·布莱伯利》（*Day at Night: Ray Bradbury*），纽约城市大学电视台，www.cuny.tv/show/dayatnight/PR1012346，1974年1月21日。

1. 列出三四部自己最喜欢的小说或传记。
2. 现在走到书架边将它们拿下来，重新温习一遍。每本用一句话概括主要内容［"一个名叫哈里森的小孩想成为一名艺术家，但没人相信他，连他自己也没有信心……"或是"一个叫亚哈（Ahab）的人雇用了一批船员回到海上复仇……"］。
3. 现在给情节走向绘制走势图。是什么帮助叙述者或主人公靠近了他的目标？是什么阻碍了他的道路？他是如何化解障碍，逐渐靠近目标的？一本书可能有上百个具体事件，我们只选重点进行标注。
4. 在情节点旁标注它在书中出现的具体位置，既可以是章节编号，也可以是页数。
5. 把自己想象成哈里森，当一回艺术家。拿出一支铅笔，把每本书中的情节起伏用图像呈现出来，画出那些高峰和低谷。克服障碍是高峰，遭遇挫折是低谷，按照自己的理解填补上二者之间的空白区域。
6. 给自己的作品也画一条情节起伏线。
7. 没有两本完全相同的书，也没有一成不变的规则（如果一定要讲一条的话，那就是不要把时间拉得太长，情节太过稀薄，读者会觉得无聊），看看自己的情节起伏线和选出来的这三本书有什么不同。
8. 据此进行修改。

在结构上挣扎?

此时可以参考本杰明·珀西的办法:

> 在我真正动笔之前,我会从孩子们的画架上撕一大张纸下来,贴在书房的墙上开始头脑风暴。我会把重点情节简要描述一遍。我会为主人公设计个人背景和情感走向。我知道有些作者的创作过程更加随心所欲,但对我自己而言,没有蓝图怎么能建起大教堂呢?
>
> 在蓝图的最顶部,我会像心电图或地震仪那样监测张力的大小。因为我常会将情节四处挪移——有时还会从几个章节里抽走一些信息——这样可以创造出不同层次的张力,组合出具有爆发性和启发性的瞬间。[1]

比起其他作家,珀西相当积极主动,我们可以像他

---

[1] 彼得·斯陶伯(Peter Straub):《与本杰明·珀西的对谈》(A Conversation with Benjamin Percy),美国亚马逊网评论,www.amazon.com/Red-Moon-Benjamin-Percy/dp/145554535X。

一样在写作之初进行规划，也可以在创作当中的任何时刻停下来，对作品结构中的"起起伏伏"进行设计。

珀西从自己的孩子那里偷来了好大一张纸（也许他的孩子有一天会原谅他）。我还知道有人会使用索引卡片，把它们钉在墙上的软木板上。

或者，如果你的衣橱里有很多鞋盒的话，可以给它们贴上第一章、第二章、第三章等标签，在纸条上写下大大小小的转折点、主要场景或新的障碍并投进合适的盒子里。之后试着在盒子之间转移纸条的位置，甚至可以改变盒子的位置，看看这样的变化是否有助于读者获得更好的阅读体验。

你甚至可以用不同种类的曲奇饼干发明一套类似的系统——巧克力曲奇代表一个人物，糖霜曲奇代表另一个人物，燕麦提子饼干则是第三个人物——当它们堆成一摞的时候，表示此处有一个特殊的场景。而故事出现重大进展时，可以用杯子蛋糕标记。

可能这不是一个好主意。

可能故事医生该去吃午饭了。

我的意思是，我们需要找到一个将结构视觉化的有效方法，这样做是为了提醒你，在作品正式付印上架之前，没有什么是不能改变的。

第二部分

体 检

我之所以写作,是为了了解自己在想什么,关注什么,看到了什么,以及它意味着什么。

——琼·狄迪恩[①]

[①] 琼·狄迪恩:《我为什么写作》(Why I Write),《纽约时报》(*New York Times*),1976 年 12 月 5 日。

第七章　保持健康
从初稿到第十五稿

　　是时候了，很抱歉，故事医师要为你开出一剂猛药了。老实讲，这确实会有点疼，我要先向你道歉，但这也是为了你的健康着想。

　　让我们来看看：

在完成创作的那一刻，你并没有真的写完。

　　是的，我能理解你。一想到创作中付出的那些努力，即便是离写完最后一个章节的最后一句话已经过去了一段时间，听到这句话，你也一定是无比沮丧的。

　　修改确实会耗费精力和时间。

　　但是，这个过程不一定那么痛苦。

　　事实上，修改是我最喜欢的阶段。白纸会令人心生恐惧，但如果上面已经有了成百上千个单词，而且情节走向正确，需要的只是一些温和的照料，这个过程就会很愉悦。词语就像黏土一样——可以堆砌在一起捏出各种不同的形状。黏土会让我回忆起童年时代。童年是最好玩、最有创造力的阶段，不会有那么多声音萦绕在我耳边，告诉我做得不够好。

也许你觉得这只是心理层面的小把戏，但这个方法对我确实很奏效：

- 你垂头耷肩地想："天哪，我怎么会写出这么松散啰唆的句子，这和我脑子里想象的一点都不一样，总之，我就是一个可怜的失败者。"
- 或者你也可以这样想："嘿，这可是一个修正错误的好机会。不如试试看吧。"

你有多少次在激烈的争论结束后才想清楚自己应该说什么，应该强调哪些观点？生活没有重来一次的机会，但写作可以，因此我强烈建议你把修改当作一件积极的事来看待。

现在，我们来看看要怎么做。

关于如何修改，小说家大卫·布拉德利（David Bradley）曾在我年轻时给我提出过很好的建议，他针对创作的不同阶段提出了不同的修改方法，告诉我们从第一稿到第十五稿要修改哪些内容。他告诉我们，人的头脑里至少存在三种不同的自我评价模式。

第一种是孩童模式。孩子坐在厨房的地板上，手里拿着三种颜色的培乐多彩泥——我只能想起来蓝色、红色和黄色——他的第一直觉肯定是随心所欲地玩耍。于是他拿起一块泥巴，双手搓成一条蛇。把蛇的首尾相接，做成花环或贝果面包的样子。接着把这个面包放在一个盘子里，用另外一种颜色做眼睛、鼻子和嘴巴。瞧！一张傻乎乎的泥巴脸诞生了。

我们就这样玩了一遍又一遍，唯一的目的就是看看自己能做出什么东西。不做任何评价，只是纯粹愉快的尝试。

布拉德利说，在第一稿到第三稿的过程中，我们多多少少也应该这样做，看看自己笔下的想法或故事能演变成什么样。把故事来回摔打，再退后几步欣赏这番混乱的模样。我们的双手沾满泥巴，膝盖也是脏兮兮的。焦虑感是属于大人的。

接下来就是成人模式。

在修改的某个时刻，我们需要切换模式。不同作者的切换时间不同，比如我的第一稿和第二稿就相当马虎，是实验和试错后的混乱产物。而就我所知，有些成功的作家习惯在第一稿上修改很长时间，修改的成果很完整。每个作者都要找到合适自己的步调。

最终——对我来说大约是修改第三稿的时候——成人的声音进入到讨论之中，这个声音会提出一些相当实际的问题，如：

还需要在这里耗费更多时间吗？

我们到底在讲什么？

怎样才能达成目标？

给读者的信息够不够多？

怎样才能写得更好？

成人要支付房租，购买生活用品。他们没有小孩子那样的生机和活力（通常来说，也没有小孩子那么有趣）。但成人也有自己的价值，如果缺少了他们，也许没有书能最终走到出版这一步。

最后一种是家长模式，他们会对你的每个小缺点都充满警觉，并且常常伴随着斥责声。想象一下妈妈对你的新发型提出质疑，或是认为你的着装不适合去教堂的样子；又或是想象爸爸批评你的草坪修剪技术时的样子。

在写作中，家长模式一般是这样的：

我的天，这句真叫人读不懂。

你真的打算这样写吗？

节奏要加快了，这个场景已经写了三页，什么事都没有发生。

你在两句话里用了四个"它"字。

没有更好的比喻方法了吗？

家长模式倾向于对句子里的每个缺陷和词组选择抱以吹毛求疵的态度，这种声音在写作的各个阶段都会出现。但在三段式的修改教程中，布拉德利让我们在前两个阶段忽略这种批评的声音，到了最后再着重关注这些问题。

如果过早地聆听这些批评的声音，我们也许在第一稿时就丧失了斗志，彻底卡住了。而直到最后也不去听任何批评的声音，不去严肃地审视自己的故事、章节或作品是否已经达到呈交给代理机构、编辑或读者的标准，结果往往也是会出问题的。

这三种模式——孩童、成人、家长——在不同阶段有自己的用处。学着去掌控它们能使写作和修改的过程更愉悦、更有成效。

潇洒锻炼：关于修改的若干建议

修改有多种不同的形式，从句子层面到故事层面，每个阶段都有对应的注意事项和需要考虑的问题。

但首先我们要区分清楚关键的一点，修改和校对是两件完全不同的事。虽然检查拼写错误、笔误、动词时态是否正确等也很重要，但它并不能替代严肃的稿件审读工作。

假设你已经完成了初稿或二稿，接下来要对作品公正地进行评估。

步骤如下：

第一步：回到开头

一旦小说或传记写完了结尾，故事就结束了（不是故事圆满了，也不是情节还要向远方无限延伸，而是人物做出了某种决定，达到了一种新的平衡关系），此时看看自己的开头。开头和结尾两部分应当是有联系的，这种关联可以是贯穿整个故事的直接联系，由人物的行为和反应表现出来，也可以由情感的河流串联。有时候，关联可以通过场景、意象、某种反复出现的比喻，或是其他结构方面的手段表现出来。没有一定之规，如果开头和结尾始终没办法有所呼应，你就需要对情节和结构进行重新考虑了。

还有一种方法能够不断提醒自己，你可以自问："他如何应对这些未知的挑战？"或者"这段经历会给他的人生带来巨变吗？"

也许故事的结局并不能完全回应这些问题，但它们应当是有关联的，即便故事在开头没有明确提出这些问题，也应当在土壤中埋下种子。

第二步：修改中间所有的内容

是的，**所有内容**。

还记得在第一章讲过的隐形磁河吗？在我们进行大修大改的时候，这条暗藏在故事下方的隐形磁河会大有用处。耗时多天写出来的场景也许对故事毫无价值，某些画面和比喻——明明看起来还可以——与河流走向并不一致。你甚至会发现整个章节都是多余的——删掉二十页的辛劳成果肯定会有心碎的感觉，但一时的痛苦总好过整体夭折。

找到作品潜在的情感流向，据此审视其中的每个单词、形象、比喻、场景、人物和章节。如果它们与磁河毫无关联，相互没有磁力吸引，那么就拿起你的剪刀（或是用好删除键）。

如果用拍电影做比喻，故事的根源是什么，暗藏的情绪是什么，核心是什么，清楚这些问题的答案会让作者知道该把拍摄的镜头架在哪里，拍摄多长时间，以及什么时候喊"停！"。

第三步：修改句子

也许我的喜好异于常人，但老实讲，我最喜欢的就是这个阶段。把手稿从头到尾、逐字逐句，大声地朗读出来，整个过程我乐在其中。

此时，最好的方法是默念：**嘿，这可是一个修正错误的好机会。不如试试看吧**。

聆听每一句话读出来的声音，体会从口中讲出来的感受，识别出使用得太频繁的词语，挑出平淡无力的表达方式，问问自己：这些文字真的是我想表达的内容吗？这种机会在日常口语交流中并不常见，能修正错误的感觉非常好。

润色和修改的方法相同，我会大声朗读出来，然后换一种表达方式，替换一个词，再大声读出修改后的句子。此时，我的耳朵往往比大脑更灵敏，能分辨出哪里的文字别扭，哪里的表述方式虽然听着不错，但实际上用得很少。

在这里，我并不想表现得过于乐观。有时修改会和创作同样艰难。某些时候我甚至觉得再也找不出修改方法了，内心深感绝望和沮丧。

但总的来说，整个过程还是振奋人心的，如果修改顺利，无论行文还是内容都会变得充满活力。

  我曾有幸出版过十几本书，其中包括上百个短篇故事、随笔和其他文章。我从未觉得自己比其他人高明，也并不觉得自己天赋异禀。我只觉得自己比那些早早放弃的人修改得更多更久。

  在我眼中，成功收获读者喜爱的作者，与仍在挣扎之中的作者只有一个不同之处，就是在修改的过程中，后者早早举旗投降，自认已经改得"够好了"。面对自己的作品，如果你试着比能想象到的最严苛的编辑再严苛一点，就一点点，你会发现，编辑突然对作品产生好感了。

顺便一提，生活中没什么是不可写的，只要你有下笔的勇气和即兴创作的想象力。创造力最大的敌人是自我怀疑。

——西尔维娅·普拉斯（Sylvia Plath）[1]

---

[1] 西尔维娅·普拉斯:《西尔维娅·普拉斯日记》(*The Journals of Sylvia Plath*)，85页，纽约：铁锚书局（New York: Anchor Books），1998。

第八章　一日一苹果
健康的写作习惯

没错，故事医师喜欢给故事治病，也乐于给人提建议（我们很会看家人和朋友的眼色），但我们更希望能看到你保持健康的写作习惯，从根源上避免看医生。

要记住，创作虽然具有挑战性，但未必是件痛苦的事，如果你确实感到痛苦，很可能这份痛苦来源于你自己。你可以参考使用下列积极的方法进行整体自我改善，别忘记多吃水果和蔬菜。

写下来

伊莎贝尔·阿连德认为重要的事值得说三遍：

写下来，写下来，写下来，要不了多久缪斯女神就会现身了。①

理查德·鲍什（Richard Bausch）进行了进一步解释：

耐心一些。你所做的事看起来容易，实际无比艰难。失败的次数多于成功。要对自己说："我能接受这种生活和工作中的失败。这就是我的命运。"此时你就可以动笔了。②

我的看法是这样的：

至今我仍有创作不顺的时候，有时会持续很多天，那感觉就像推着铅笔在纸上来回滚动，试图从

---

① 伊莎贝尔·阿连德：《我为什么写作》，载《我们为什么写作：来自20位知名作家的他们为何及怎样写作的文章》，编者：马勒蒂斯·马伦，6页，纽约：羽翎出版社，2013。
② 理查德·鲍什：《给年轻写作者的信》（Letter to a Young Writer），美国国家艺术基金会（National Endowment for the Arts），www.arts.gov/operation-homecoming/essays-writing/letter-young-writer。

一口枯井里捞出能用的单词。但这些年来我已经说服了自己,即便不顺,也要坐在桌前,在某张看不见的表格上"签到",等着好日子突然降临,到那时我的想法比手指跳跃得还要快。经过后期精心的修改,最终大约60%的内容都有用处。

如果我纵容自己,一旦灵感缺失就起身去看《法律与秩序》(*Law & Order*),最后大概会对每集剧情倒背如流,但写不出一部作品。

这种人生观帮助了我,相信也会帮助你。

写下去。

坚持住。

好句子总会出现。

磨炼文笔

舞蹈指导怀拉·萨普(Twyla Tharp)曾根据观察谈论道:"杰出的画家都是一流的制图员,他们知道该怎样混合颜料,如何研磨,放多少稳定剂……优秀的主厨比厨房里所有人的刀工都要好。而最好的服装设计师也无一例外地对针头线脑如数家珍……"①

而最好的作家也对词语、句子有深刻的理解,他们知道怎样控制节奏、使用隐喻,知道程式化的故事是什么样的,也知道怎样让故事与众不同,怎样能出人意料,并且更加真实。他们会去听每个单词的**发音**,去听不同的整句和分句顺序有什么不同,去听长句带给读者怎样的感觉,短促的句子又是什么感觉。

确实如此。

最好的作家会杂乱地阅读,对作品进行分析,并与其他作家进行探讨。最好的作家会从他人的作品中不断学习,对象既包括天才般的杰出作品,也包括不尽如人意的作品。最好的作家会不断自问:"是什么?是什么成就了经典,是什么毁了杰作?"

你可以在家完成这项工作,一把椅子,一本书,一个笔记本或键盘就够了。如果时间和财力允许的话,你也可以在家附近的文化中心或社区大学修习课程。写作课无法培养你的创造力,但能帮你打磨技巧,传授你修改的策略。

---

① 怀拉·萨普:《创意是一种习惯:在生活中学习与运用》(*The Creative Habit: Learn It and Use It for Life*),162—163页,纽约:西蒙&舒斯特出版社(New York: Simon & Schuster),2006。

有的地方每周或每月会有作家小组提供批评、探讨的平台。这类集会一般会在书店或公立图书馆举办。

你也可以考虑参加在周末举办或是费时一周的研讨会。这类活动的好处是有很多水平不俗的听众，很多人也在写自己的第一部小说或传记，如果能与他们建立联系，你与他们就可以在逆境中互相安慰，在顺境中相互鼓励。

而且，会议结束后一般还有酒可以喝。

无论选择哪种方式，你要做的只是坚持学习新方法来混合、研磨颜料和向里面添加稳定剂。

忽略一些声音

"文思阻塞"是个可怕的词，仿佛是你与作品之间砌了一堵厚实的水泥墙。而真实情况是，所谓的阻塞并没有你想象的那样不可撼动，它来源于我们脑海中细碎的嘟哝声。

对我来说，这个声音听起来像是"这是所有作家能想到的最愚蠢的想法"，或是"你根本没有写出漂亮文字的那份才华"。或者在特别不顺的日子里，我还会听到"你又胖又笨，牙齿长得怪，鼻孔太大了"。

最后一条也许不是我自己说的，听起来更像是我高中体育老师的声音。但声音就是声音，它们都不是真的，这没什么区别。只是这些声音虽然短促，却能制造出电子脉冲，粗暴地震动我们的神经网络。很多人曾数小时、数天甚至数年受到它的迫害，以为这声音讲的是真的，于是离目标越来越远。

想要彻底摆脱这种声音是徒劳的，因为它永不会停止。

于是我们只剩下两个选择：

1. 任其摆布。停止写作。痛恨自己。
2. 写自己的东西。向着这些声音甜甜一笑："好啦，你说的都对，但我还是会继续写。"

最终的结果准会让你大吃一惊，即便是没什么好点子的大鼻孔傻作家，只要度过前三十分钟自我厌弃的阶段开始创作，最终也能收获不少成果。

忍耐

有时我们会迷失方向，无论是对自己写作者的身份，还是对某个特定的故事。

如果迷失了自己作者的身份，就说明需要停下来充电了。可以通过旅行和读书稍作调整，或是坐在后院椅子上，想想当初为什么想要写作。放弃几天并不可耻。

如果你在某个特定故事中迷失了，那实在是件很平常的事，因为写作从本质上来说确实是很困难的事，当你面对的是有着相当长度的篇幅时，例如一本书，那就尤为困难。二三百页的作品首尾呼应，既要有优美的故事情节，又要有抓人眼球的主人公，有挑战，有结局，全篇文笔清新，甚至达到了优美的程度，这本身就是一项艰巨的任务。

我们用烹饪来打个比方：

你要准备的是一顿烤鸡晚餐，配菜是土豆泥和时令蔬菜，为了确保三道菜上桌时还是热的，需要动用聪明才智协调工序。那么现在想象一下，你要招待二百人吃庆祝宴席，这次的菜单不是鸡肉和蔬菜，而是一顿七道菜的晚宴——完美的鳄梨汤、芝麻菜沙拉佐山羊奶酪、迷迭香面包配烤西葫芦、炭烧鲈鱼、煨萝卜配茴香、黑胡椒羊排以及意大利杏仁冰激凌——每道菜都需要用到多种复杂的烹饪技巧。

创作一本书也是这样。

所以，振作起来吧！

也许你写完了三五章,甚至整个故事都写完了,突然仰面哭喊起来:"我的天哪!我都不知道自己写的是什么!"要知道这并不意味着失败,而是证明你在做一件极具挑战性的事情,现在只是在试错。

这样的事常会发生。无论是烹饪、做小生意、抚养孩子,还是做其他值得付出努力的事。

借用托马斯·爱迪生(Thomas Edison)的话来说:"我并没有失败一万次,也没有失败哪怕一次。我成功地证明了那一万种办法都不管用。在排除那些可能性之后,我找到了正确的办法。"[1]

接受拒绝

人人都要过这一关(在此我讲的是写作和出版,不是高中生活,但请相信我,高中同样很可怕)。

现实情况是,你的作品、书稿和自荐信很可能会夹着一张"抱歉,非常感谢"的纸条退回来,而且概率比

---

[1] 托马斯·爱迪生,引自《失败怎样教会爱迪生不断创新》(How Failure Taught Edison to Repeatedly Innovate),福布斯网站(Forbes.com),www.forbes.com/sites/nathanfurr/2011/06/09/how-failuretaught-edison-to-repeatedly-innovate/#7ccdc0,2011年6月9日。

你预想的要大得多，同时会给你带来打击。

然而，有一点至关重要：这并不代表**你**被拒绝了。它甚至不意味着你的写作能力被拒绝了。拒绝信只能说明在某个周二或周五的下午，某个特定的编辑或代理没有燃起足够的激情，对你的稿子说出"是的，要的就是你"这句话。背后的原因多种多样，也许编辑正好很疲惫，也许代理很喜欢你的稿子，但刚签下了一本类似的书，甚至可能只是品味或鉴赏偏好上的冲突。

看看这些例子：

曾有二十一家出版社拒绝了威廉·戈尔丁（William Golding）的《蝇王》（*Lord of the Flies*），而最终这部作品大卖了1450多万册。

据说 C. S. 刘易斯（C. S. Lewis）在签出第一部作品之前，被拒绝了八百次。

《根》（*Roots*）的作者亚历克斯·海利（Alex Haley）在把第一部作品签给一家小型杂志社之前一周七天全职写作，写了整整八年。

托尼·希尔曼（Tony Hillerman）写出了著名的印第安警探小说系列，塑造了纳瓦霍族警察，却在早年间被告知："如果你一定要写这个，把印第安的部分都删掉吧。"①

《旧金山观察家报》(*The San Francisco Examiner*)的编辑曾经拒绝过拉迪亚德·吉卜林(Rudyard Kipling)早期的小说,并致信:"我很抱歉,吉卜林先生,您好像不太会讲英语。"②

《小妇人》(*Little Women*)的作者路易莎·梅·奥尔科特(Louisa May Alcott)曾在早年被告知"还是去教书吧"。③

看来有时看门人也会出错。

探索

世界广阔而迷人,有着数不清的故事。不论是否清楚这一点,你可述说的故事都不止一个。通常我们会从自己和自身的生活经历写起,这本身无可厚非,但身为作者,我们更需要对其他主题保持敏感,无论出现的问

---

① 拉尔夫·基耶斯(Ralph Keyes):《作家的希望之书:从挫受挫到出版》(*The Writer's Book of Hope: Getting from Frustration to Publication*),85页,纽约:亨利·霍尔特出版社(New York: Henry Holt),2003。
② 同上,142页。
③ 路易莎·梅·奥尔科特:《路易莎·梅·奥尔科特书信集》(*The Selected Letters of Louisa May Alcott*),308页,佐治亚州,雅典城:佐治亚州大学出版社(Athens, GA: The University of Georgia Press),1995。

题是大是小，都要仔细审视一番，看看它会把我们带向什么有趣的地方。

去拥抱世界吧。

可以是环游世界，也可以是了解你小小后院里的每种植物、鸟类和昆虫。

永远保持开放的心态。

小说家乔治·桑德斯（George Saunders）曾说："如果开放让你感到疼痛，那就开放得再大一点。"[1]

---

[1] 乔治·桑德斯：《脑死扩音器》(*The Braindead Megaphone*)，55页，纽约：河源出版社（New York: Riverhead），2007。

如果我们不讲故事，就与业已灭绝的物种毫无区别，因为我们都不知道自己是谁。

——艾伦·里克曼（Alan Rickman）[1]

---

[1] 马克·肯尼迪（Mark Kennedy）:《艾伦·里克曼以其一贯的态度回到百老汇》（Alan Rickman Returns to Broadway with Attitude），美联社（Associated Press），2011年11月18日。

第九章　故事医师开出的潦草处方

是的,故事医师抽出了厚厚的处方笺簿,他当然会唠叨你每天要做几个仰卧起坐,但最重要的还是做你力所能及的事。

每个人都要找到适合自己的步调。

不要等到十年后再懊悔地想:"唉,根本抽不出写作的时间。真是太遗憾了。"如果在这十年中,你每周只抽出一小时来写作,累积下来也有 520 个小时。这么多时间能写出多少作品啊?

再进一步,如果每周能抽出两到三个小时,甚至更长,一旦核心故事成型,它会推着你继续写下去,你也会**想要**继续写下去。到时候自然会找到时间。

"如果医生告诉我只有六个月的寿命了,"艾萨克·阿西莫夫(Isaac Asimov)曾开玩笑地说,"我大概会打字更快一点。"①

也许他并不是在开玩笑。

但我是个故事医师,不会带给你这种坏消息。我希望每个人都有足够的时间来完成自己的作品,并且有更多的时间来完成下一本。

是时候放下这本写作指导,回到你的作品当中了。

在此之前,我再重述一下故事处方的三个基本要素:

1. 写作是辛苦的,但未必是痛苦的。如果你感到痛苦,向内找寻一下质疑的声音,让它们闭嘴。
2. 找到自己最想讲述的核心故事。它会支撑你、陪伴你度过无数次修改和数不清的探索时光。
3. 感到灵感枯竭或沮丧的时候,回到故事里。答案都在里面。

---

① 珍妮特·阿西莫夫(Janet Asimov)、艾萨克·阿西莫夫:《怎样享受写作:一本协助与安慰之书》(*How to Enjoy Writing: A Book of Aid and Comfort*),57 页,纽约:漫步者出版社(New York: Walker),1987。

致谢

在此，我要感谢许许多多聪明的学生，如果没有与他们的交流，没有那么多停滞不前的手稿，这本书也不会成型，尤其是在《凯尼恩评论》夏季写作工作坊（Kenyon Review Summer Writing Workshop）、圣米格尔·德·阿连德作家研讨会（San Miguel de Allende Writers' Conference）和创意非虚构写作作家研讨会（Creative Nonfiction Writers' Conference）中遇到的学生们，感谢你们。

我要感谢我慷慨的老师们：卡洛琳·汉默（Caroline Hammer）、李·盖特坎德（Lee Gutkind）、罗穆卢斯·林尼、大卫·布拉德利、詹姆斯·戈登·班尼特（James Gordon Bennett）、万斯·布杰利、凯特·丹尼尔斯（Kate Daniels）、罗杰·卡梅涅茨（Rodger Kamenetz）和莫伊拉·克罗恩（Moira Crone）。第三章末尾的彩色记号笔练习法是李·盖特坎德常给我们做的一种练习的变体，在此要特别感谢他。

俄亥俄州大学的同事们为我提供了无私的帮助，他们总能教给我新东西。尤其要感谢鲍勃（Bob）、凯特（Kate）、艾瑞克（Eric）、克里斯汀（Kristin）和罗兰德（Roland）。俄亥俄州大学的学生们也极富天赋。

任职于十速出版社（Ten Speed Press）的丽莎·威斯特摩兰（Lisa Westmoreland）是一位天才型的编辑。作为一名代理，卡罗尔·曼（Carol Mann）始终以自己敏锐的智慧和洞察力支持着我。

最后，由衷感谢我的女儿玛利亚（Maria）、妻子仁妮塔（Renita），以及第一个把铅笔塞进我手里的人。

图书在版编目（CIP）数据

故事处方 /（美）丹提·W. 摩尔著；袁婧译 . -- 北京：中国友谊出版公司，2019.9
书名原文：The Story Cure: A Book Doctor's Pain-free Guide to Finishing Your Novel or Memoir
ISBN 978-7-5057-4707-4

Ⅰ.①故… Ⅱ.①丹… ②袁… Ⅲ.①写作—方法 Ⅳ.① H052

中国版本图书馆 CIP 数据核字 (2019) 第 069779 号

著作权合同登记号　图字：01-2019-2737

The Story Cure: A Book Doctor's Pain-Free Guide to Finishing Your Novel or Memoir
by Dinty W. Moore
Copyright © 2017 by Dinty W. Moore
This translation published by arrangement with Ten Speed Press,
an imprint of the Crown Publishing Group, a division of Penguin Random House LLC
through Bardon-Chinese Media Agency
Simplified Chinese edition copyright © 2019 by Ginkgo(Beijing) Book Co., Ltd.
All rights reserved.
本书中文简体版由银杏树下（北京）图书有限责任公司出版。

书名	故事处方
作者	[美]丹提·W. 摩尔
译者	袁婧
出版	中国友谊出版公司
发行	中国友谊出版公司
经销	新华书店
印刷	北京天宇万达印刷有限公司
规格	889×1194 毫米　32 开
	7 印张　113 千字
版次	2019 年 9 月第 1 版
印次	2019 年 9 月第 1 次印刷
书号	ISBN 978-7-5057-4707-4
定价	42.00 元
地址	北京市朝阳区西坝河南里 17 号楼
邮编	100028
电话	（010）64678009